逆境に
感謝する人が、
逆境に愛される

人生に追い風を吹かせる就職の法則

進和建設工業株式会社
代表取締役
西田芳明 著

発行：ダイヤモンド・ビジネス企画　発売：ダイヤモンド社

はじめに

「このままではだめだと思うんだけど、何をどうしていいのかわからない」

私の塾に来る受講生がよく口にするセリフだ。そのたびに私は言う「頭を使えよ」と。からかっているわけでもないし、無論いじめてもいない。頭を駆使して感度を上げ、自力で道を見つけるしかないからだ。つまり私は、励ましているのである。

私が運営する塾は、校舎での学びを補完する学習塾ではない。生き方を学び、生き残る策を会得するための塾である。その名を『就活志塾』という。「私」塾でなく「志」塾であるところが肝だ。つまり、『就活志塾』は、生きるための志を学ぶ塾なのである。

志塾の上には「就活」という言葉を置いた。生きていく上で最も重要であり、しかも誰もが悩ましくなる「働き方」について学ぶ塾である。私は経験と体験を踏まえ、これまでに会得した考えを言葉にし、受講生たちに還元する。受講生は学生とは限らない。いったん就職したものの「コレジャナイ」感覚がまとわりついて生き直しを図る者も多い。

「何のために働くのか」はつまるところ「何のために生きるのか」の裏返しである。何歳になろうと迷うものだし、ステージが変われば考えも変わる。学びをやめない者は、常に来し方を振り返り、考えを改め、高みに上っていくのだ。

この「高み」とは何を指すか。私が学びに来る者たちに常に言うのは「一流に触れろ」。めざすべきものが明確であるほど何をすべきかもクリアになってくる。一流、一番、オンリーワン、プラスワン。「一」という頂点に照準を合わせ、学びの姿勢を正していくとよい。

もっとも、学ぶことは何歳からでも始められるというものの、すでに長く働いてから初めて気づきを与えられて考えたり、学び直したりする場合、当たり前だが子どもの頃から考えてきた者とはずいぶんと差が開いているだろう。

だが、それでも遅過ぎることはない。気づいたときが、人生を変化させるときなのだ。

私は、父が営む会社を引き継ぎ、建築業の中で生きてきた。これまでに二度、大きな「谷」を経験している。

一度目は中学生の頃。父の会社が倒産し、金も土地家屋も人の繋がりも社会的信用も一瞬のうちに失った。「社長のお坊ちゃん」だった私も谷底の生活を送るようになった。倒産が関係者に与えるインパクトの強烈さを前に、なんとしても会社をつぶすという行為だけはあってはならないのだと気づかされ、その後の経営の軸となっていった。

二度目はリーマンショックである。進和建設工業の40周年を迎え、どこかにあぐらをかいていたのだろう、ファンド企業と取引をしたために最終的に7億もの損失を出してしまった。このときの経験は、創業時の精神に立ち戻り、企業経営の最も重要な軸である人材育成の強化を図るきっかけとして、その後のバネになっていった。

何度「谷」を経験しようと、その意味に気づき、考え、行動すれば、そこから這《は》い上がる助けは得られる。私は身をもって実感しているし、その教訓を次世代の若者たちに伝えていきたいと、事業の傍《かたわ》ら就活志塾を運営している。

就活志塾は、一般の学生を中心に、20代の若者たちを対象として開講している。進和建設工業の会社を説明するものではない。あくまで、働くとはどういうことかを論じる中で、一人一人がそれぞれの得意に気づき、自分の頭で考えて社会に出ていけるよう、様々な観点からヒントを与えるものだ。

就活志塾は次の4点を目的とする。

・新卒で就職して3年以内に辞めていく事態を防ぐ
・就活に悩んでいる学生を導く
・30代で起業家になるよう育てる
・60代でも元気に働けるよう育てる

講義は、我が社の教育システムを駆使し、大量のテキストも編纂《さん》して配付する。室内の講義だけでなく、街にでてワイワイガヤガヤと議論することもある。対話を重ねることで、私の経験や学び、習慣が、これから社会人になろうとする（あるいは社会人になったものの模索中の）若者たちの刺激になり、仕事観や仕事術を熱く考えるきっかけを与えているのである。その結果として熱量を感じる若者が我が社を訪問してくれるようになった副産物はもちろんあるが、私自身にとっては、就活志塾はあくまでも社会に還元するためのものであり、すべての若者へのエールなのだ。

今回、出版の話をいただいた際に真っ先に浮かんだのが、「就活志塾で話していることをもっと広く伝えたい」との思いだった。そこで、これまで様々な形で伝えてきた話をひとつの流れにまとめ、人生設計を考える一助とする書籍として書き起こした。

第1章「企業を選ぶ前に知っておくこと」では、就活を始める前、つまり社会に出る前に会得しておきたい様々な視点や、できるだけ早く身に付けておきたい思考方法を取り上げている。

第2章「正しい企業の選び方」では、働き方や生き方を具体的に考えて行く際にもっておきたい観点を、事業理念、組織体制、収益力、時間の使い方といった方向で紹介し、さらには就職1年目をイメージした就活の仕上げの心得を示している。

第3章「正しい自己の鍛え方」では、実際に社会に出て働き始めてからの生き方を取り上げている。就職はゴールではなく、入ってからが勝負どころだ。自己研鑽《さん》、学び方、モデリング、ワーク・ライフ・バランスなど、人生を豊かにする方法を考えていく。

これら3つの章は、それぞれが5つの節で構成されている。15の法則を極めれば、働き方も生き方も十分納得のいくものになっていくだろう。

各節にはそれぞれ、見出し項目ごとにトピックが入っている。目次をチェックし、気になる項目から読んで実践してもらって構わない。

大事なのは少しずつでも始めることだ。1日1つの積み重ねでも、1年で365、3年もしないうちに千を超える力がついてくる。

人生にリハーサルはない。自分で自分の生き方をつかみとるために、どうか本書を使い倒してもらいたい。

まだ間に合う。いますぐに、この本でスタートしよう。

目次

第2章 正しい企業の選び方
～何のために生き、働くのか～

第3章 正しい自己の鍛え方

～心を整え、思考を強くする～

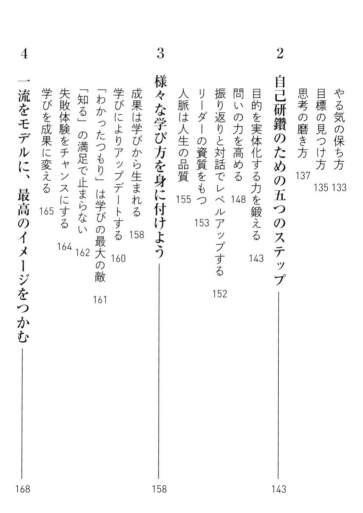

序章

何のために企業を選ぶのか

先の見えない時代だからこそ

未来を確定できる人はいない。誰もが推測に沿って手探りで行動しているだけである。そして現代社会は、その推測もおぼつかないほど変化が激しくなっている。

ＶＵＣＡ（ブーカ）の世の中だと言われて久しい。ＶＵＣＡとは、Ｖ（Volatility：変動性）、Ｕ（Uncertainty：不確実性）、Ｃ（Complexity：複雑性）、Ａ（Ambiguity：曖昧性）の頭文字を繋いだ造語で、将来の予測が困難な、先行き不透明な時代をいう。元は１９９０年代後半に発生した軍事用語だったが、環境の変化が激しく複雑に絡み合う社会情勢を指してビジネス界で２０１０年代ごろから急速に広まっている。

異常気象やスーパー台風、大地震に大津波、新型ウイルス感染症も想定外の広がりを見せる。災害だけでない。産業や対人サービス、金融、流通など経済界もまた、驚異的なＩＣＴの進展とデジタル革命、インターネット通信網の展開で、もはや明日がどうなっているかわからない状態である。これまで当たり前だった景色が常識の概念を覆す異形のものたちに取って代わられ、あっという間に塗り替えられていく。

一体誰と向き合い、何を拠《よ》り所《どころ》として戦えばよいのか。このように見当のつかない時代だからこそ重要になるのが、「たとえ谷に落ちてもすばやく這《は》い上がる」能力である。

私はそれを、70年あまりの人生の中で2度、身をもって体験した。

谷底を経験して学んだ思考の大切さ

一度目の「谷底」は、中学生になったばかりの年だった。

私は1951（昭和26）年生まれで、10歳になった1961年、父西田貞雄が進和建設工業の前身となる建設会社「西田組」を大阪府堺市で創業した。高度成長期のさなかのことであり、世の中は好景気に沸き立っていた。経済成長率や国民総生産がめざましく伸長していたころで、社員は10名弱と小規模ながら、地域に密着した住宅建築工事を中心に受注はどんどん増え、軌道に乗っていった。

このような時代背景と家庭の事情から、私の小学生時代は絵に描いたようなお坊ちゃんの生活を送っていた。家庭教師がつき、お手伝いさんが身の回りの世話をし、お抱え運転手もいるという裕福な暮らしぶりで、何不自由なく甘えていられた。

ところが、中学に進学した年、いきなり谷底に突き落とされる事態となった。西田組が請け負った大きな工事の代金が支払われなかったのだ。順調に思えていた資金繰りがみるみるうちに行き詰まり、経営があっというまに傾いた。ついにはどうにも立ち行かなくなり、西田組は倒産を余儀なくされてしまった。

まだ中学生だった私にとっては、会社の倒産がどれほど重大なのか、倒産した瞬間には理解できなかった。だが、会社が倒産したと知った途端、父の周りにいた人達が手のひらを返したような態度をとり離れていった姿から、その深刻さが身に染みるようになっていった。熱心に私の世話を焼いてくれていたお手伝いさんも、丁寧な運転でどこへでも連れていってくれた運転手も、いつのまにか私たちの下を去っていた。よく遊びに来ていた友達も寄り付かなくなり、声をかけられることもない。自宅は差し押さえられ、妹や弟は親戚の家に預けられ、何もかもが散らばってしまった生活が続いた。

当時、目に焼き付いて離れない光景がある。父の姿だ。薄暗い部屋の片隅で、ぽつんと背中を丸め、うずくまっていた。見かけた瞬間、何かに胸をギュッと鷲掴《わしづか》みにされ、押し潰《つぶ》されそうになった。悔しくて、惨めで、情けなかった。

あんなに明るく親分肌で、気風《きっぷ》よく振る舞っていた父。自信たっぷりだった父。私たち家族の前では気丈に振る舞っていたが、おそらく誰もいないところでは精も魂も尽き果てていたのだろう。私自身が経営者となった今、その心中は察するに余りある。経営者として、倒産は、絶対に起こしてはならない。このときの「谷底」の体験が、後の私の哲学の核をつくった。

「倒産とは、お金や資産など有形物を失うだけでない。人との繋がりも、社会的な信用も、すべてを失う。そして、自分の家族だけでない、従業員にも、それに連なる家族にも、とてつもない迷惑をかけてしまう社会悪とさえいえる行為に加担してしまうのだ」

強烈な事態を前に、子どもながら「私は絶対に、このような倒産はしない」と誓った。そして、その反骨精神と覚悟をもって、父が再興した進和建設工業を継いだのである。技術者として入社してから10年経った35歳、私は二代目社長に就任した。

社長就任から数年は、小さな「谷」を何度も経験した。技術畑でわずか10年、経営のいろはも知らない若造が突然社長になったのだ。不安に思った社員は次々と辞めていった。残ったのはたったの8名。それでも彼らの「社長、頑張りましょう！」という声を胸に、次々と立ちはだかる問題へと挑んだ。逃げ出したいと考える暇もないほど厳しい時期が続いたが、常に心にあったのは「絶対に、会社は潰さない」「社員は必ず幸せにする」の二つの誓いだった。これはひとえに、中学の時の体験があったからに他ならない。腹の底から力を絞り出し、自分を追い込んでいった。

長々と自分語りが続いたが、ここで言いたいのは私がいかに大変な目に遭ってきたかという話ではない。参考にしてほしいのは、このような強い負の体験の後に、私がどのような行動をとったのかの部分である。

つまり、「どんなにネガティブに思える体験をしたとしても、その体験自体が人生をマイナスの方向に決定づけるものになるとは限らない」のである。私は父の会社の倒産があったからこそ、また再興された父の会社を若くして引き継いだからこそ、周囲の制約に挑むため、死に物狂いで工夫した。使えるものはなんでも使い、考え、試みた。辛《つら》く厳しい「谷底」の体験は、谷が深ければ深いほど、大きく跳ね上がるバネの力になるのである。

では、私にとって、究極のマイナスの体験をプラスに転じた分岐点はどこにあったのだろうか。おそらく、あの父の姿を見、倒産の現実を突きつけられた時の痛みを、父の失敗の問題と嘆かず、自分の教訓として捉えた「自分ごと化」にあったと考えている。

マイナス思考の場合、父親の経営する会社が倒産する憂き目に遭ったら「こんな辛い思いをする会社経営はごめんだ」「もし次にもまた倒産させることになったら嫌だ」と、失敗したという結果にとらわれ、二度と挑戦するものかと、撤退を考えるかもしれない。だが私は違った。

「私が経営者になったら、絶対に会社を倒産させたりしない！」

結果を教訓として自分ごととし、事実と向き合い、徹底的に学びを繰り返した。そして、自ら経営者になる道を、覚悟をもって引き受けたのだ。逃げ腰になる迷いが出るたび、マイナス思考は敵だと考え、意識してプラスの道を探った。

どん底を経験したら、あとは浮き上がるのみ。痛みや失敗の体験を自分の力に変えて浮上の手がかりをつかめばいい。底打ちになったときは誰もが目を背けたくなる現実が前に広がる。しかし、それをしっかりと「自分ごと化」し、実感していくことが人間力を高めるのである。

全体最適思考・未来志向・逆算思考で次元軸をもつ

では、どうすればマイナス思考に至らず「自分ごと化」できるようになるのだろうか。

本書は、この「谷底から這い上がり、逆境を追い風にプラスへ転じる」ためのノウハウを徹底してお伝えしていくものだが、このとき最も重要となる考え方が「全体最適思考」「未来志向」「逆算思考」の三つの観点である。

ものごとを大きな枠組みでとらえ全体像を意識しつつ、今置かれている状況が意図するものを正確に読み取って判断や行動を打ち出す。肝になるのが、意識する全体像は過去でも現在でもなく、未来において完成されるべき姿を描くという点である。つまり、今目の前に広がるものを把握するために、本来あるべき全体像をイメージすることにより、今の自分が置かれた状況の中で欠けているものを見つけるのだ。全体像を見失わずに欠けているものを埋めていけば、理想とする良い未来が完成する。

このように未来の理想像から遡《さかのぼ》って現在の一歩を考えることを逆算思考と呼んでいる。ただ、この逆算思考は単純に時間軸での未来のみをとらえてタスク管理を行うようなものではない。時間を横軸に、理想とする未来に広がっているだろうビジョンや打ち立てた目標の次元を縦軸に、立体化して確定させる「自分ごと化」の思考が重要となる。

このあたりの話は、第1章で詳述する。

二度目の逆境で使命に気づく

ところで、私の二代目経営であるが、決して順風満帆だったわけではない。

二度目の「谷底」は、リーマンショックとともにやってきた。

景気には循環がある。1990年代からのバブル崩壊で日本の景気は大きく下がっていったが、2002年あたりから「実態なき好景気（かげろう景気）」と後に呼ばれる好景気の時期があった。ゼロ金利政策に代表される金融緩和政策や、大幅な為替《かわせ》への介入で実効為替レートが下がったことによる円安、新興国・北米の好調な需要などが重なり、輸出関連産業を中心に多くの企業が過去最高売上高を記録した。進和建設工業もその例外ではなく、業績はうなぎ上りだった。

そこに襲いかかったのがリーマンショックだったのだ。工事を受注したファンド会社が次々に倒産し、23億円もの物件を買い取らなければならなくなった。思わぬ事態に、このまま物件を抱え続けることも頭をよぎったが、本来の目的に立ち返れば、膿《うみ》は出しきらねばならない。私は、工事で捻出した利益との相殺での売却を試み、結果的には7億円の損失を出して収束させた。進和建設工業が自慢としていた堅実経営も、ついに途切れてしまったのである。

悔やんでも悔みきれなかったが、覆水盆に返らず。そして毎日の営みは止められない。私は連日、仕事の継続を図りつつ、ファンド会社の担当者、弁護士、売却関係の不動産担当者と打ち合わせを行い、後始末に追われた。愚かにも周りの状況に生かされているだけの身であることを忘れ、天狗《てんぐ》になって詰めを甘くした自分を恥じ、大いに反省した。

7億円の損失事件の後は、次から次へとトラブルが発生した。もぐらたたきのように、一つ解決したかと思うと次の問題が顔を出すのだ。丁寧な対話で向き合ってきたはずの従業員が不祥事を起こし、裏切られたと打ちのめされたこともある。トラブルは20件ほど続いただろうか、どうしていいかわからないと感じたことも一度や二度ではなかった。

だが、もうだめだと諦めかけた時、人は原点に立ち戻るチャンスを与えられる。私は、父の会社が倒産したとき心に刻んだ二つの誓いを思い出した。

「絶対に、会社は潰さない」

「社員は必ず幸せにする」

自分には使命がある。私は気持ちを奮い立たせ、自分が何のためにここにいるのかを考え続けた。私のミッションは、人をつくること。そして、技術を世に問うことだ。これを突き詰めると、私がこの世でなすべきことはこの二つになる。

・社会に役立つ立派な人間を世の中に送り出し、人々を幸せにすること。
・新工法や新技術、新サービスを開発し、世の中の幸せに貢献すること。

7億円の事件のお陰で、私は自分の使命を明確に掴めたのだった。私は決意を新たにし、社員教育や技術開発の仕組みづくりなど、徹底した「人中心の経営」に邁進《まい》した。

幸いなことに、損失にかけては2年半で無事正常な経営状態に回復させることができた。事件で表面化した社内のバラバラな状態も、ぶれない志で理念を貫く中、同じ目標をもって切磋琢磨し合う仲間が増え、素晴らしい人財だと胸を張って世に送り出せる従業員が数多く育ってきたのだった。

何のために働くのか。何のために生きるのか。それは、その人にとっての存在意義を問われているに等しい。だから、軸となる志が最も重要となるのだ。私は70年かけて、様々な人に支えられ、気付かされ、学びの場を与えられてきた。本書を読む皆さんも、周囲を見回してほしい。小さな谷間も、大きな谷底も、必ずプラスへと転じるチャンスはある。

人生は誰のものでもない、自分のものである。また一度きりだ。どうせ底打ちと感じたなら、少し目線を変えて働き方も生き方もプラスに転じていける心得を身に付け、使い勝手の良い思考法をできるだけ多く会得し、仲間と繋がることを試みてほしい。

逆風を追い風に変えるために、特殊なトレーニングは要らない。手にすべきは、観点と行動力である。豊かな人生を送るため、ぜひ本書を活用してほしい。

第1章

企業を選ぶ前に知っておくこと

〜人生設計の方策〜

1　社会人になるということは

この節では、長い間閉ざされた環境の中で過ごした学生が、社会に放たれた途端に遭遇する「本音と建前」の醜悪さに対し、どのように向き合ったらよいかの心構えを見ていこう。

日本の多くの学生は、学校の中の教師たちあるいは家庭の中の保護者たちに囲まれ、彼らの言う通りに過ごしていれば快適な環境を手にしている。そして素直に、快適な環境を維持できる行動を正しいものとして刷り込まれてきている。そう、私が小学生の時に、社長の家庭という恵まれた環境にいることをなんら疑わなかったように。

ところが卒業して社会に放り出された瞬間から、周囲の大人たちの言うことが百八十度変わるのだ。指示されたことを素直にやると「言われたことだけやっていてはだめだ」と言われ、では自分なりに工夫してみたら「言われたこともできないのか」と言われる。「自分から聞きに来い」と言われて質問に行けば「それくらい自分で考えろ」と言われる。

なんと社会は理不尽なのだと嘆いている学生の顔が目に浮かぶ。だが、これが現実なのだ。谷の連続するでこぼこ道が、社会の敷地なのである。

では、どのように対処すればよいのか。これには、まず自分の育っている環境そのものを客観的に俯瞰《ふかん》する目をもち、ぬくぬくと快適に過ごしている中で絡《から》め捕られていることに気づいておく必要がある。

「学校環境」からの脱出

はじめに気づきたい環境は学校である。自分たちの学校が、どのような制度で自分たちを教育しようとしているか、考えたことがあるだろうか。

どんな国でも、子どもは将来の国の柱となる重要な人の資源である。だから必ず教育を施す社会システムを構築する。日本の場合、教育基本法のもと学校教育制度が定められ、9年間の義務教育が敷かれている。念のために言うと、義務教育は「(子どもが)学校に行かされる義務」ではなく、「(子どもが)学校で教育を受ける権利を全うさせる義務」だ。つまり、教育は本来、幸せに生きるために受け取る権利なのである。
それがどうしていじめや不登校、自殺者が増え続け、苦行のようになってしまっているのか。

受験地獄を代表とする詰め込み型の教育拡大に対する弊害の指摘と、児童生徒数の減少に伴い、いわゆる「ゆとり教育」が導入された。カリキュラムの3分の1を減らし、子どもたちに自分で興味を追求させるための「総合的な学習の時間」を設けたが、ゆとりができた分を自分で学ぶ機会とすることには繋がらなかった。子どもが減って進学しやすくなっているし、ほどほどの成績でそこそこの状態になっていればいいというモチベーションで過ごす者が増えていったのだ。

一人ひとりの特性に合わせた教育によって得意を伸ばし、どんな環境になっても自力で課題を発見し解決する能力を伸ばす教育が必要とされているにもかかわらず、現代の教育はその真逆を行く。「全員が一等賞」と銘打ち得意を消し去る「手繋ぎゴール」に象徴されるように、勉強以外で「一番になれる」という場面が学校社会から消失し、本当の意味での個性が見出しづらくなっている。「一番」がなくなったことにより、他者とのわずかな違いから起きるいじめ、SNSの中の教師に見えない陰湿な炎上。金太郎飴《あめ》を生産するような教育からは個性の発揮は困難だ。「目立たぬよう」「無難に安全に」やりすごし、本心は気心知れた友人だけという環境にさらされ続けた子どもたちが、社会に出た途端に「やる気がない」「自主性がない」「柔軟性がない」と評価されてしまっているのである。

海外に目を転じれば、日本の教育の特徴がより鮮明に見えてくる。欧米では一人一人の個性に合わせて可能性を引き出す教育環境となっているため、一律に授ける形での授業は行われない。能力に応じて飛び級もあるし、自分で調べ、解決方法を考える学習方法が一般的である。

しかし、だからといって欧米の学習スタイルこそが正しい教育だとも言い切れないだろう。日本の教育システムは、入念に練られた学習指導要領のもと、国民がもつべき能力を均しく教え育もうとして150年以上もかけて日本人に向くよう最適化されてきたともいえるのだ。

善悪を決めつけるのでなく、自分たちが置かれてきた教育環境を俯瞰し、教育のもつ意味と仕組みの特徴を知り、その違いから自分にとって必要なものは何かを選択していく力をつけることが重要なのである。

「親」との関係性からの脱出

子どもにとって親は（特に幼少期は）絶対的な存在であり、俯瞰して見ることなどそうそうないだろう。しかし、社会に出れば親もまた一人の社会を構成する要員に過ぎないのだと思わされることがしばしば起きる。親子という関係性の前に、一時代を生きた人間だと理解する目が必要になってくるのである。

親の世代は昭和の最後のバブル状態を引きずっており、右肩上がりだった経済成長を謳歌し、努力すればうまくいく、先進的なものを我先にと競い合って手に入れ、多能感を幸せとする価値をもっている可能性が高い。だから自分らしさを外に出そうとし、「自分の価値観を大事にしたい」という。親の場合、子に接するときだけでなく、自分自身にも向く。家庭内では親子の関係を対等に置こうとし、一方で過度な受験戦争と管理教育をくぐり抜けてきた反動で、勉強以外の様々な分野で子の能力を発揮させようと、習い事やスポーツに触れさせる。邪魔する者は徹底的に排除を試みる。「友達親子」「モンスターペアレント」の登場である。このような親の下で育つ子どもたちは、反抗期が減っていく。親子の関係性が一昔前とは根本的に異なっていくのである。

今の親たちもまた、20~30年前の親世代から価値観の影響を受けつつ、自身が20~30代の頃の経済状況で価値観を形成してきた。世代はこうして関係し合いながら時代をつくっていくのである。自分たちが出ていく社会はこのように、階層化された価値観の中で互いの関係性を築いているのだと俯瞰し親を客観視できるようになっていれば、初対面の人間にもひるむことなくつきあっていけるだろう。

「社会の価値観」からの脱出

世代の価値観が形成される背景には、経済事情が大きな影響を与えている。つまり、今の社会が出来上がるまでにどのようなことがあったのかは、入社試験のために知識として詰め込むのではなく、これから自分が社会に出て渡り合うための武器として、把握しておくべきものなのだ。

現代社会は、ごく少数の超高収入世帯が、圧倒的多数の低所得者世帯を押さえて経済を引っ張っている。格差が開き、経済の動きが鈍って不景気感が漂う中、「努力すればよい方向に向かう」という実感が持てなくなっている。

様々な経済対策が施行されるが、うまく取り入れて恩恵に与ることができるのは、情報も金も集まる高収入世帯である。だからますます格差が広がる。両親がリストラを経験した家庭に育つ子どもも珍しくない。「働くことは楽じゃない・つらい」という価値観が根強くなっている。地道に努力すればいつか日の目を見るだろうなど夢物語だ。何をやっても諦めが入るから、政治経済への関心が薄れる。

さらに現在は、通信ネットワークが進展し、スマートフォンを中心としたモバイルの普及により、誰もが好きな時に好きな人と好きな形で繋がるようになった。コミュニケーションは間接的なものになり、情報が個別に消費されていく。消極的で表面的な関わり方が進む一方、東日本大震災やスーパー台風などの災害を目の当たりにて生命に対する根本的な思いにさらされる経験も多く、「本当は人と繋がりたいが、やり方がわからない」というジレンマのようなものを抱えている者も多くなっている。

三つの「鎖」から自分を解放する五つのメンタリティ

「学校環境」「親との関係性」「社会の価値観」という三つの方向から、社会に出た後にどのような座礁ポイントがあるかを見てきた。

これらは、良い悪いの話ではない。もし何かしら思い当たるところがあれば、そこで自分の思いと現実との間にギャップが生じやすくなるのだということを自覚しておくことが重要である。

例えば、次のような心の傾向はないだろうか。

「で、いいや」

良く言えば素直で従順、何事にも抵抗しない。深く追求したり粘ったりすることがなく、ほどほどの状態になったら「これでいいや」と打ち切ってしまう。指定された以上のクオリティーに磨き上げることはしない。

「正解を検索」

知らない言葉に出会えば肌身離さず持ち歩くスマホでさっと検索、情報の収集・処理能力は抜群。一方で、自分で問いを立てたり自分で解をつくりだしたりするような労力はかけない。外から正しい答えが与えられたらそれに向けて努力する。

「クローズドマインド」

人との調和は重要、関係性を壊さないよう間合いに気をつけて優しく接する。だが、自分の知っている範囲に限る。身内とそうでない人との差が激しく、判断のつかない場は疲れるため、基本的によく知った交流のみに身を委ねる。

「貢献あこがれ」

自分だけが突出して良い状態だとかえって悪い評価がつくと恐れ、社会のために貢献するボランティアにあこがれる。だが誰も認知していない場では誰も評価してくれないから、身近な人が気づく場で貢献できる活動を求める。

「勝手にプレッシャー」

期待されることが存在を認められる証だと、何事にも目的と期待されるゴールを確認し、その中で自分の役割を全うしようとする。期待されているプレッシャーからわからないと言えず、好きなようにやれと言われると戸惑う。

こうした心の傾向をプラスに換えていくのに必要なのは、自分の考えをもち、その考えをまるごと自分が受け止める自己肯定感を高めることである。

「で、いいや」の傾向が強い場合、言われたことと認識したゴールが本当に合っていたのかを見直すところから始めよう。重要なのは、それをなぜしなければならないのか、必ず達成すべきなのは何かといった見極めである。出された指示内容から本当に求められているゴールを自分なりに考えるのだ。

「正解を検索」しがちな場合、ツギハギだらけの外部の意見は一旦脇において、自分はどう考えるのかを組み立ててみよう。ポイントは、「私ならこう考える」といった仮定法で自分の思考や行動の流れをイメージしてみることだ。考えを口にすると必ず実行を要求されると心配になるかもしれないが、そういう状況になることは稀である。まずは自分の考えを外に出すことに慣れていこう。

「クローズドマインド」の傾向がある場合、新しいコミュニティと関係性を結ぶときの抵抗感を薄めていくことが重要になるだろう。特別な働きかけのテクニックを身に付ける必要はない。まずは挨拶からだ。顔を合わせたときに軽く声をかけあうだけで、関係性は温かくなっていく。あとは傾聴。もっとも相手の言動を100%受け入れる必要などない。ただ受け止めるのだ。自分も相手も大切にする中で、ほどよい関係性が構築されていく。

「貢献あこがれ」が強い場合、あこがれを形にするため、身近な人への具体的な貢献を実行してみるといい。もちろん、あからさまに「困っていることを教えて」と言っても解決しないだろう。だからといってただ観察するだけでも見えてこない。コツは先に自己開示することだ。少しずつ互いの内面を明らかにすることで本当に貢献すべきものが見えてくる。問いかけの力を鍛えよう。

「勝手にプレッシャー」を受けてしまいがちな場合、ストレスに感じるほどの負担感は影響力が強過ぎるため、まずは自分に合ったストレス軽減方法を探し、少しずつ乗り越えていくことで、小さな達成感を増やしていこう。最初から大きな目標や高いゴールはつくらない。眼の前の小さな階段の段差だけを上っていくことに集中していれば、いつのまにかステージが上がっていくだろう。

2 逆算で考え全体像をつかもう

ここからは、環境から解放するために必要となるものの考え方をみていこう。キーワードは「全体最適思考」「逆算思考」「未来志向」「次元軸」「繋がる思考」の五つである。

全体最適思考とは

私はよく従業員たちに「全体をつかめ！」と声をかける。「全体でものを考えたのか？」「先に全体をつかんでから部分を見たか？」と聞く。私を見かけたら「あ、またきっと『全体』って言ってくるぞ！」と身構えている者もいるかもしれない。それほど私は頻繁に「全体」を口にしているのだ。それは重要だからに他ならない。

なぜ私があきれるほど「全体」を口にするかというと、全体像を捉える思考法が身に付けば、シンプルにものごとを把握し、いちばん重要なことがはっきりと見えてくるからである。仕事も人生も、ひとかたまりで輪郭をとれば、驚くほどシンプルになり、ずっと楽に考えられる。

私はこの、全体像をシンプルに捉える思考法を「全体最適思考」と呼んでいる。対義語になるのは部分最適、つまり眼前の一部にとらわれて目的を見誤った状態だ。

例えば、顧客からクレームが来たとしよう。クレーム対応は一歩間違えると大事になりかねないから、この言葉をじっくり丁寧に拾って、一つ一つに対応しようとしがちだ。

しかし、私はそこに待ったをかける。

「君はいきなりクレーム処理をしようとしているが、その前に、全体をつかんだのか？」

クレームは、お客様が何らかの不具合を感じたことによる訴えだ。不具合とされた現象がどのようなものか事実を確定させるのは重要ではあるが、その現象によってそのお客様が何を不具合と感じたのかは人それぞれだ。

そして、お客様がどのような状態になってほしいと考えているのかもひとつとは限らない。本人が言語化できていない場合も大いに考えられるし、実は現象の問題でなく不満は別のところにあったりもする。クレーム時の言葉だけに対処する部分最適の積み重ねではお客様が本当に解決してほしい状態に到達することはないだろう。

つまるところクレーム問題は、「お客様がどんな理想の状態（全体像）を描いているのか」をつかんでからでないと対策をとることができないし、逆に言えば、全体像をつかんだら非常にシンプルに対策をとることができるのである。

全体最適思考を身に付けるチャンスは日常の中にいくらでもある。日頃のちょっとした場面で、自分の言動を俯瞰してみよう。はじめは難しくても、繰り返すことで慣れてくる。いつのまにか意識せずとも全体最適思考で捉えやすくなっているだろう。

逆算思考とは

全体像をつかんだ後の対処だが、ここで近視眼的に今できることから選択してしまってはまったく意味がなくなってしまう。だから私は、しょっちゅう「逆算でものを考えろ」とハッパをかけているのだ。

逆算思考は、「理想的な状態になる一歩手前にはこの状態になっている必要がある、

図1-1　逆算思考の概念図

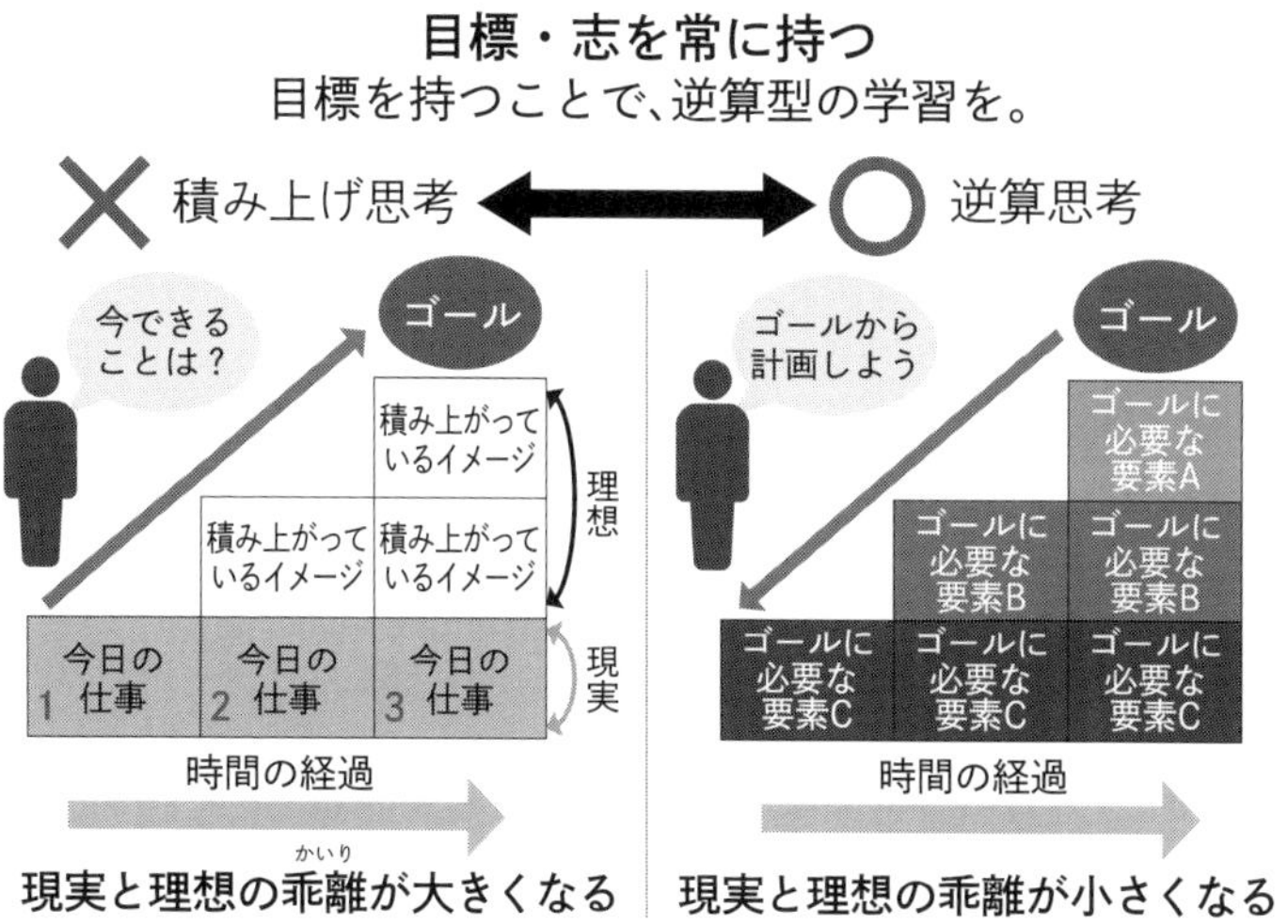

その状態にするにはその前段階でこれが必要になっている」と、未来の達成段階から順に遡《さかのぼ》って考える方法である。常に全体を俯瞰しながら、全体のステップを設定し、一つ一つの段階についてあるべき理想の状態をイメージする。そして、各ステップの理想状態を達成するために必要な要素を洗い出す。

　こうして全体最適思考の姿を具体的な行動で埋めた未来イメージを確定させていくのが、「全体を俯瞰して逆算する」思考法である。

　全体を俯瞰した中での逆算であれば、積み上げる方向性がぶれないため、時間が経過するほどに理想像に近づく。対して、今できることの積み上げで進めると、進む方向が「あるべき状態」から「できうる状態」に変わっていってしまい、道を見失ってしまいかねない。時間が経過するにつれて理想との乖離が大きくなるだろう。

逆算思考は、言うのは簡単だが行うのは難しい。大きなあるべき姿を俯瞰しつつ、具体的な行動に落とし込むのは容易ではないだろう。毎日少しでもチャレンジして感覚をつかんでいってほしい。ポイントとなるのは情報量、差分を把握するためのデータ集めだ。さっぱり見当がつかないというとき、たいていは全体像を具体的にイメージするだけの情報が不足している。ないものをひねり出そうとしても時間の無駄だ。エビデンスの確かなもので調べ、詳しい人に聴いて、効果的にデータを集めよう。全体像が明確だから、闇雲に総当たりをかけるような無駄な作業にはならない。情報が集まり始めたら全体像で捉えなおし、脳内にマッピングする。これを繰り返せば各ステップの達成水準も必要な工程もリソースも、具体的な形になって掴めてくるだろう。

未来志向とは

全体最適思考で描くイメージは望ましい未来像とも言い換えることができる。つまり、逆算思考では、常に未来像を描いた「未来志向」で考えるべきものなのだ。だから私はよく従業員にハッパをかける際、「未来を確定させろ！」と言っている。

未来は空想するものではない。空想の未来はただの夢で終わるだろう。未来は実現させるものだ。逆算思考は、未来を実現するために進めるものである。これが「未来を確定させる」ということである。このとき重要なのが、いかに未来像を「自分ごと」として捉えるか。すなわち「実感」である。自分が中にいて関わっていると想像すれば未来は具体的になる。

未来像は、この「実感」と「実現可能性」の二つの軸をかけ合わせて描くとよい。実感をもってワクワクする未来に対し、実現の可能性が高ければ高いほど、「望ましい未来」として確定できるだろう。一方、実現の可能性がなければそれは単なる夢物語だ。

実現の可能性は高いが未来への実感が湧かずワクワク感や喜び・楽しさがないもの

は、望ましい全体像を掴みきれず方向性もないまま目先のできることだけを積み上げる「官僚型未来」になるだろう。ビジョンが見えず、目標も共有できないため、周囲を巻き込んで高みをめざすことはできない。

実現の可能性も低く、実感も湧かないのは「失望の未来」だ。この未来しか描けない場合、まだ全体最適思考がうまく身に付いていないのかもしれない。手本となる人を見つけて情報を集め、まずは全体を掴むところから始めてみよう。

ゴールを明確にし、外さない

全体最適思考で逆算させるのは時間だけではない。めざすべき目的地に向かっての軌道を描き、計画を立てていくことも逆算で行う必要がある。目の前にあるものをただ闇雲にこなすのではなく、必ずゴールから逆算して、今必要なことを計画し、行動するのである。例えば、何も決めていない状態で「おっと、気づいたら明日のテストの勉強をしていた」と勝手に勉強するようなことになりはしないだろう。明日のテストで点を取るというゴールがあり、そのゴールに向かって今すべき最善の行動が勉強だと判断するから、勉強を計画するはずだ。

成功する人には必ず共通点がある。「強くゴールを意識する」「そこから逆算で計画する」「計画に沿って行動する」この流れがあるから、目的が叶うのだ。これが鉄則である。

ここで重要なのは、ゴールをより明確に、リアルなものに定め、目的に向かっての軌道を次元軸でとらえておくということである。

例えば弓道では、矢を射る際に手元が一度でもズレると大きく的を外してしまう。一度の手元のわずかなズレが1m先で1・74㎝のズレを生む。100m先ではなんと174㎝ものズレになってしまうのだ。これが宇宙船だともっと規模が大きくなる。もし月から地球へ向けた宇宙船が一度ズレて出発してしまうと、地球へ到達するはずの頃には地球約5個分もズレてしまうことになるという。

現在の行動は、ゴールに向かっての軌道からほんのすこしのズレが生じただけでも、本当に自分が行きたいところへたどりつけなくなってしまう。だから、ゴールを明確に、リアルにしてズレない一歩を踏み出すために逆算する必要があるのだ。

繋がる思考をもつ

全体像を未来志向で描き、実感をもちながら次元軸で逆算する思考法をお伝えした。では、どうやって具体的に進めるとよいのだろうか。ヒントとして「繋がる思考」を紹介しよう。

「繋がる思考」とは、知識や経験などを自分の中で位置づける際、個々の出来事を単独で捉えず、出来事同士を意識的に繋げながら考えを深める思考法である。

対義語は「分断思考」だ。できごとを一つ一つ区切って考え、関連付けることはない。私の経験で例えると、父の会社の倒産は父の問題であり、その会社に固有の現象だとして捉える方法である。会社経営はそれぞれであり、同じ状態にはならないのだからと、他で活用できる教訓として生かそうとしない。この分断思考では、出来事は単発で完結してしまうため、いつまでたっても成長や発展には結びつかないだろう。

「繋がる思考」を極めると、一見何の関係もなさそうな出来事でも、どこかに共通点や関連するポイントを見つけて繋げていくことができる。初めは無理矢理でも構わな

図1-2　分断思考・繋がる思考の概念図

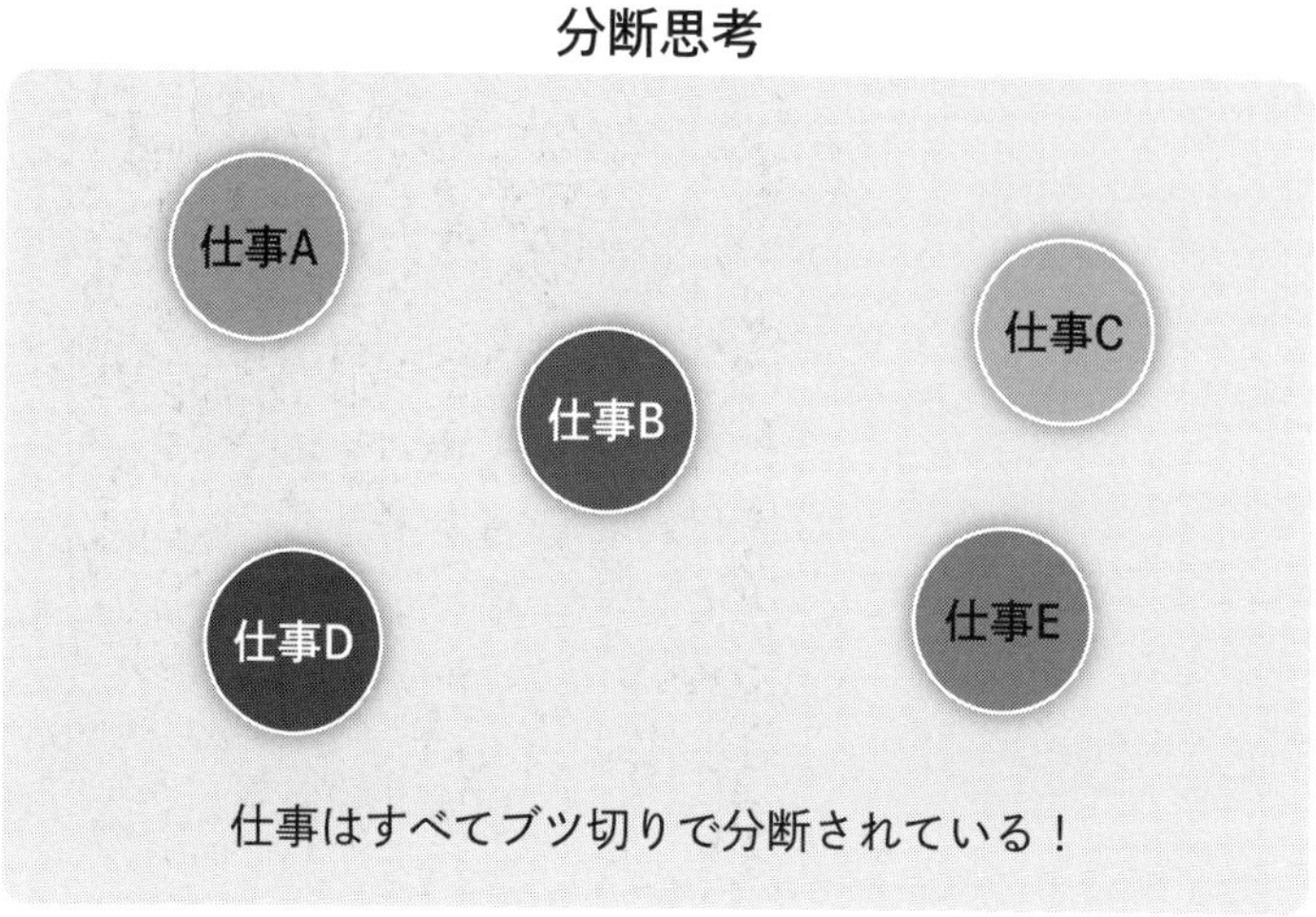

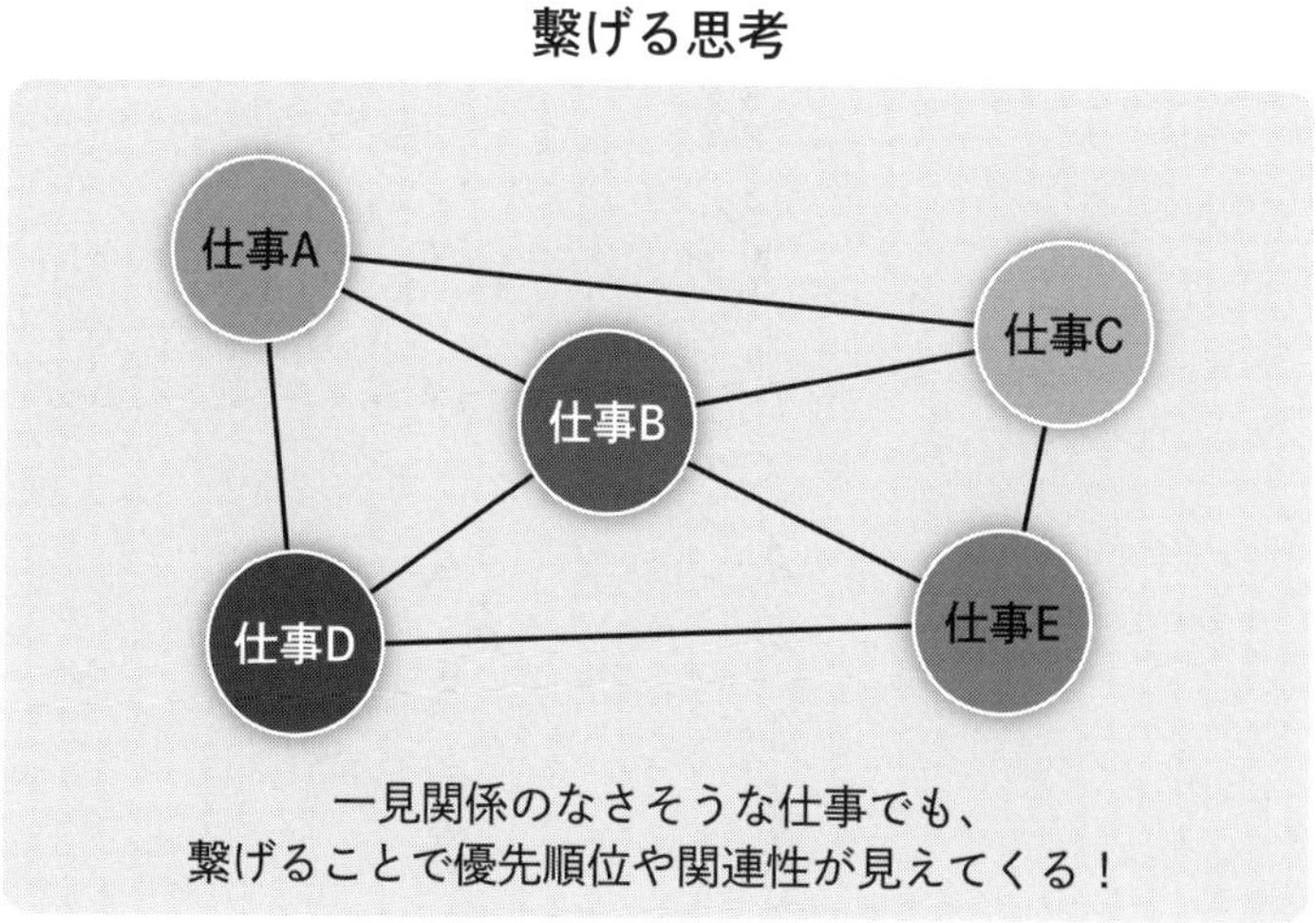

い。強引に紐づけて「なぜ繋がると思ったのか」を自問し考えを言語化していく中で、思いもしない関連に気づき、発想が飛躍するものだ。各出来事の要素を洗い出し、抽象度を上げて標準化してみる、定義の入れ換えや視点の転換を試みる、共通項や対立の関係、順接、主従などの関係性を整理するなど、様々な繋げ方がある。要素の関係がつかめると全体像の中での位置づけも、各要素の優先順位も明確になってくるのである。

3　人生を切り開く力を生み出す「考え方」×「熱意」×「能力」

ここからは、これまで見てきた思考方法をうまく活用するために鍛えるべき三つの力を紹介しよう。キーワードは「考え方」「熱意」「能力」である。

なお、この第2章では社会に出る前にぜひ鍛えてほしいポイントを伝えることを目的としている。このため、各要素は概念としてのあり方に触れるのみである。具体的な方法などについては第3章で詳述することを参考にしていただきたい。

考えの高め方

考えることはすべての基本である。当たり前のように聞こえるだろうが、これがなかなか難しい。考え方にも三つの段階があるからだ。

初めは「頭でわかる」段階だ。知識に触れたり経験したりすると「へえ、そうなんだ」と気づく。情報として浅い理解で頭に入った状態である。この段階では、いくら考えても数日たつと忘れてしまう。いわゆる「わかったつもり」である。

次に「心でわかる」段階がある。経験を積み重ねる中、ある日突然腑に落ちる感覚になることがある。「なるほど、そういうことか！」と膝を打ち、体の中から深く納得する。この段階になると、自分の中で考えが消化され、自分のものとなり始めているだろう。「自分ごと」としてものごとを捉え、全体での俯瞰や未来志向で逆算するための考えの軸も出来始めている。

最後に「体でわかる」段階となる。腑に落ちて自分なりに解釈を深めた考えを実践し、繰り返し再現させることにより、自分の軸として定着させる。この段階になれば、無理に意識せずとも考え方が呼び出されてくるレベルになっている。瞬時に未来の全体像をつかみ、ビジョンを描いて次元軸で逆算することも、感覚的にできるようになっているだろう。

考えは、頭の中だけで進めるものではない。「頭・心・体」の三位一体で高めていくものなのである。

この考え方だが、実はプラスに働くだけでなく、マイナスに働いた場合でも同様のことが起きる。つまり、ネガティブな思考で捉えているのを繰り返すと、否定的な考えに納得してしまい、その考えを軸にして実践を繰り返すことになってしまう。

考えを高めるべきはプラスだけ。ネガティブ要素の高いできごとは、考えが何度も堂々巡りしがちであるが、できるだけ早くプラスの方向へ切り替えていき、考えを高める方向を間違えないようにしたい。

熱意の高め方

考えを実体化していくための原動力となるのが「熱意」である。熱意は、「ひらめき」に自分の「強み」をかけ合わせると高まっていく。それぞれについて見ていこう。

ひらめきはアイデアの放出であるが、「さあひらめくぞ」と思っても出てくるものではない。むしろ煮詰まるのが落ちである。アイデアは、まったく別のことを考えているときや移動中のぼんやりしているときなどに「突然降りて」くるものだ。なぜだろうか。実のところアイデアのタネ自体は、ひらめく前から頭の中にあったのだ。それが何かの刺激を受けて急に繋がり、意識の表面に浮かんできたに過ぎない。つまり、ひらめくためには脳内に十分なインプットをしておかねばならないのだ。

何をするにも準備は大切である。例えば旅行に行くための準備であれば、どんな旅行にしたいのか目的を定め、目的に沿った行き先や日程を組み立てて、宿泊先や立ち寄る施設の予約を入れようとするだろう。旅行先の情報を仕入れ、現地での行動をシミュレーションして感覚をつかみ、目的を達成するために最も良いルートを探すに違いない。

脳内での準備も同じである。自分がめざしたい未来に向けてのビジョンがあるからこそ、目に映る情報も耳に入る情報も、脳の中で意味のあるものになっていく。興味関心をもって情報を集めるというのは、ただ漫然と情報に浸る受け身の行動ではなく、全体像をつかんだ未来志向の中で、積極的に情報の中へ飛び込んでいくことなのだ。

こうした準備が進めば、集められた情報は腐葉土のように軟《やわ》らかい栄養素となって脳内に漂い始める。それらが何らかの刺激を受けたとき、前節で説明した「繋がる思考」で軸索が伸びるように繋がって、新たなアイデアとなって生まれ出てくるのである。

ひらめきは、その瞬間が最大の熱量になっている。実行に繋げるには次々に燃料を投下し続ける必要があるのだ。その燃料となるのが、自分の「強み」である。得意なことをひらめいたアイデアに対してぶつけていき、その結果を元に、さらに強みを生かしてできることはないかと工夫していく。この繰り返しが熱意となっていく。

能力の高め方

「強み」を生かしてひらめきを実体化させる例として、技術力を徹底的に高めたローコストマンションの話をしたが、このときの工夫の仕方に注目し、「能力」を高める手法についてみていくことにしよう。「能力」というと、最初から備わった特殊な才能のように感じるかもしれないが、ここでいうのは誰でも鍛えることのできる手法だ。能力は、次の三つのステップを繰り返していく中で鍛えられる。

まず「仮説」を立てる。ひらめきのところで言及した準備の話を思い出そう。目的意識を明確にして情報を集める際、仮説を立てることでアンテナの感度が上がる。例えば旅行であれば、「宿泊先の地理的特色として〇〇があるはずだから、その時期なら△△を押さえておこう」といった具合に、仮説を立てて想像を働かせて情報を集めるのである。

次に、集めた仮説の正誤を「検証」する。実際に現地へ行って体験したことや感じたことが、仮説どおりであったのかを確認する。ここでは評価は行わず、素直に相違点と、異なり具合の大きさを事実ベースで記録しておく。

最後に、「差分の発見」の段階である。ここで、仮説と検証の間に起きた差分（ずれ）が何を意味しているのかを深掘りし、気づきを得る。この差分の発見を「自分ごと」として脳内の養分にしていくことにより、次の仮説が生まれ、成長・発展へと繋がっていくのである。

「仮説」→「検証」→「差分の発見」のステップはぐるぐるとスパイラル状に進めていくことが望ましいが、ここで注意したいのは、仮説と検証による体験値との差分がどんなに大きくても、また、発見した差分が好ましくないと感じたり、想定外だったりしても、それをネガティブなものとして捉えてはならないという点である。

図1-3　「仮説」→「検証」→「差分の発見」のループで能力を高める

仮　説	準備をして、目的意識を明確にする
検　証	事前に立てた仮説と実際の体験や感覚との違いを検証する
差　分	仮説と実際の体験との差分を自覚する その仮説から得られた気づきも明確になる

差分は純粋に仮説と実際との違いを表したに過ぎない。その違いを評価し意味づけするのは別の考察で行うことになるが、ここでネガティブな捉えかたをしていると、その後の検討も後ろ向きのものになっていく可能性が高い。未来思考の中で、実感をもってワクワクする望ましい未来を想像する話をした。そのためにも、発見した差分を評価する際にはさらなる仮説と検証を期待する前向きな言葉を用いたい。

また、仮説はあくまでも仮説だ。事前に完璧な精度で予測することはできないし、そもそも確実であれば検証する必要を失い、仮説が意味をもたなくなるだろう。十分な準備をして仮説を立てたのであれば、予想外の差分は次のひらめきに繋がるものとしてむしろ歓迎すべきである。

しかし、十分な準備を行わずに立てた仮説で検証結果が大きな差を出したのであれば、それは単なる仮説のミスである。差分から発見するものも仮説の立て方に関する教訓になるかもしれない。真摯に受け止めて反省し、良い仮説を立てるための情報の感度を鍛えるようにしよう。


ところで、ここで用いている「発見」であるが、差分から何を発見するのかについて最後に触れておこう。単に違いを見つけるだけなら小学生でもできるだろう。ここで気づきを得たいのは、仮説と実態との間にある「課題」である。

学生が鍛えるべき能力としてよく「問題解決力」が挙げられるが、実社会では、問題というのは明確に「これが問題です」という形で横たわってはいない。だから、問題解決力は、すなわち解決の前に何が問題なのかを見極める「課題発見力」が問われているといえる。「仮説」→「検証」→「差分の発見」により、望ましい未来とのギャップがどこにあるのか、そのギャップはなぜ起きているのか、何がネックになっているのかを掘り下げ、課題を特定する。有能な社会人として求められている「能力」とは、この発見の感度を高めていくことなのである。

4 自分の棚卸し「旅をしろ、人と会え、本を読め」

前節までで、社会に出ていくまでに会得しておきたい心構えや高めるべきポイントを整理してきた。では、社会に出るまでにどんな「望ましい未来」を描けばいいのだろうか。漠然とした話で悩ましいかもしれない。ここからは、イメージをもち実践するためのヒントを見ていこう。

キーワードは、「人」と「本」との出会いによる、自分の棚卸しである。

外に出て、人と出会おう

一体何から始めたらいいのかと問われたとき、私がよく口にする言葉がある。

「旅をしろ、人と会え、本を読め」

経験の浅い者が自分の中にあるものだけをいくらこねくり回しても深まるものはな

い。それより、これまでにない経験を増やす時間をとるべきなのだ。

最も手っ取り早いのが旅である。自分の土地や国から離れれば、制度も価値観も異なり、常識だと思っていたことが共有できなかったり、意思疎通に苦労する中で拠り所とするものの違いに気づいたりと、前節で触れた「差分の発見」の連続になるだろう。

旅行までいかずとも、異なる土地や国で育った人との話をすると異文化コミュニケーションからの気づきが多く得られる。多文化との交流のポイントは、人と会うことである。


人から学ぶ際、特に気づきを多く与えられるのは、先人の知恵と経験である。成功した人、また成長している人、心豊かな人、そうした人をお手本にしていくことが望ましい。

私が考える人のお手本は、師匠、ライバル、尊敬できる人である。特に師匠に巡り合えるかどうかが、その後の人生を大きく左右する。私自身、これまでの人生で世界中を飛び回り、様々な人と交流する中で、何人もの師匠と呼ぶ先達と出会ってきた。その代表的な人物が、盛和塾塾長の稲盛和夫氏だった。氏の教えに感銘を受け、徹底的に実践することで、文字通り私の人生は百八十度変わったのだ。

特に若い人は、お手本となる人を見つけて、その人から徹底的に学び尽くすことを推奨したい。真似でいい。ひたすら実践することで、脳内に情報がたまり、長い時間をかけてひらめきの栄養素になっていくのである。

勘違いしてはならないのが、セミナーや講演会、研修などによる学びである。何もしないよりはましだが、与えられたコマをこなすような受動的な学びからは深まるものはない。

自分で「この人こそ私の師匠だ」と感じる人物を見つけ、徹底的に学び尽くしてほしい。もう勘弁してほしいと「師匠」に言われるまで食らいつく気概が必要だ。私は、お手本にしたいと思った人の服装や食事まで真似をしていたこともある。不思議なもので、外見や食べるものを同じにすると、当人の感覚が自分の中に入ってくるような気がしてくるのだ。

一流のものをお手本にというと、そんな人は周りにいないと尻込みしてしまう者もいるが、一人の人間ですべてをまかなう必要はない。非の打ち所のない完璧な人などこの世にはいないのだから、どこかに一流と感じる部分があれば、その点を学び尽くす。一流が何かわからないなら、まずは自分より少しでも優れたところのある人から学ぶのだ。
周囲を見渡してほしい。手本にしたい「師匠」はそこら中にいる。

書物を読んで、言葉と出会おう

思考力を高め、まとめる力をつけるには、読書がいちばんである。

私は月に1回、社員に対し、読書の訓練を行っている。本を指定し、読解して内容を要約するように伝えるのだ。単なる感想文でなく「まとめる」ところがポイントである。読後感を聞くだけだと、「感動した」「共感した」の羅列となり、その感情がどこからきているのか、なぜ感じたのかという深掘りをすることが難しい。

内容の要約とともに感想を説明することで、書物への理解は格段に上がる。文章力には、実は読解力が最も重要な要素となっているのである。論点は何か、どんな仮説を立て、何を論拠に論を展開しているのか、再現性や説得性はあるのか、反証は拾えているか。サマリーというのは、こうした書物の流れを理解し、過不足なく拾い出してまとめたものである。この要約力のトレーニングが読解力の底上げを図り、さらに

本社の図書室

は自分の言葉で説得力ある文章を創り出す力へと繋がっていく。

本章の「鎖」の中で、世代によって価値観や意識のもち方が異なるという話をしたが、文章による思考のまとめ方にもその傾向を見ることができる。どこを見渡しても情報が溢れかえっている昨今だが、他人との関係性に敏感になるあまり、思想を表に出すことをしなくなっている。今日こんな人を見かけた、こんな面白いものがあった、こんな体験をした、そういった事実のシェアは多いし、その投稿に対する承認の「いいね」でゆるやかに繋がるネットワークは爆発的に広がった。だが、そこから何を感じどう思ったのかという自分自身の言葉は表にはでてこない。あまり自分語りするとコミュニティーから弾かれてしまいかねないからだ。

私が行っている読書会は、内容の要約により知識への理解と気づきを得、あわせて自分の考えをアウトプットさせる場となっている。普段から書籍クラスの長文を読解する訓練をしておくと、大量の文字を読み解くのも苦にならないですむ。また、様々な表現と出会い、語彙を増やせる。書物の要約からの主張と自分の考えを繋げた思考で深めることもできるだろう。

要約と感想を文章にまとめる利点は他にもある。日本語を扱えるからといって誰でもわかりやすい伝え方をできるとは限らない。言葉は、相手に伝わって初めて意味をもった存在となる。コミュニケーションは、何を伝えるかでなく、どう伝わったかが重要なのである。

読書会でのまとめ文章は、400字詰原稿用紙で10枚分を書くのが決まりだ。一つの話題で4000文字をしっかりと読ませる文章にするのはそれなりに技術が要る。読み取りが浅くても、自分の考えが浅くても、最後まで原稿用紙を埋めることは難しいだろう。最初は誰もがたいへんな思いをしてまとめているが、毎回フィードバックを出していくうち、月を追うごとに文章がよくなっていく。これもまた、繰り返し積み重ねていくことで、大きな力となっていくのである。

5　自分をとりまく環境と世界の時流を捉える

　学び舎から社会という大海原へ漕ぎ出す前に知っておきたい最後の要素は、世界や業界など、大きな観点からの把握である。自分の身に起きている状況を把握する視点は「虫の目」である。つまり、身近に迫っていることはしっかりと意識できる一方、遠くまで広がる大事の状況は掴めていないわけだ。社会の中の一員になるということは、果てしなく広がる荒野にただ一人で立ち向かい、自分の持つ杖《つえ》のみを頼りに歩き出すようなものである。

　世界の中で自分の立ち位置を知り、迷わず歩みを進めるためには、まず世界の全体像を俯瞰する必要がある。世の中のトレンドを理解する「鳥の目」が不可欠というわけである。

世界の潮流を捉える

私はよく海外に行く。それは、世界の流れを肌感覚で知っておきたいからであり、各国を飛び回ることで様々な知見と人脈を得ている。

情報通信網も交通網も技術が発達し、世界はますます狭くなってきているといえる。これまで以上に、高みから俯瞰した把握が必要になっているといえるだろう。自分の場合はグローバルな企業でなくていいと考えていたとしても、すでにビジネス界がグローバルに影響を及ぼし合い、もはや関係性を絞りきれないようになってきている時代なのだ。世界の時流をいかに適時的確に掴んでいくかは、生き残りの戦術として必要不可欠なものになってきているのである。

直接海外に出る機会がもてないなら、書の旅に出よう。観点のレイヤーを上げ視野を広げて良質な情報を集めれば、それが次のひらめきの礎となるのだ。

業界のトレンドを捉える

では、国や地域というエリアでなく業界という括りで見た場合、どんな潮流が見えるだろう。

業界の動向を調べるための情報源としては、より厳密にするなら国の統計や調査レポートがある。ただ、統計資料は純粋なデータを扱っており、そこから何を読み取ると良いのかわかりづらいかもしれない。業界の専門性に慣れてある程度「鼻が利く」状態になってからは、必ず元データに当たる習慣をつけたいところだが、それまでは、まず全体像をつかみ、グラフなどから業界ごとの統計情報の読み解き方を仕入れてから活用したいところだ。

全体像に触れる情報源としては、業界ごとに情報をまとめた専門新聞、専門雑誌、ＷＥＢ展開のコンテンツなどがある。他にも、全国紙や地方紙、地方ごとの経済誌で特集が組まれることがある。意識していれば目に飛び込んでくるはずだ。

第2章

正しい企業の選び方

～何のために生き、働くのか～

1　事業と理念から読み解く

何のために働くのか。ずいぶんと大きな話だと感じただろうか。だが、この問いを抜きにして仕事を始めても、「望ましい未来」はいつまでもやってこない。働くことは、すなわち生きることに他ならないのだ。人生観をもって初めて、仕事は働きがいのあるものになるのである。

就活を考えているのは、その多くが学生をはじめとする若者である。人生百年時代、わずか4分の1程度しか生きていない20代前半のひよっこに確たる人生観を求めるなど、無茶を言うなと思ったかもしれない。

しかし、考えてみてほしい。人生観は、死ぬ前に完成させるものだろうか。

人生のステージごとに、それまでに培った経験や積み上げた知識を踏まえて醸成されていく観念が人生観である。ものを考える力は、抽象的な概念をもつことができ始める7歳頃から養われていく。であれば、人生観はライフステージごとに、その都度形づくられてしかるべきなのだ。今の君は、何のため、どのように生きようとしているだろうか。

ここからは、人生観を具体化する働き方を問う「就活」の際にもっておきたい観点について見ていこう。

「仕事」には三つの形がある

冒頭で「何のために働くのか」と聞いた。心に浮かんだのは何だっただろうか。

一般的に、仕事と呼ばれるものには、次の三つの形があるとされている。

・ライスワーク：食べるため（ＲＩＣＥ）、生活のために仕事する
・ライクワーク：好きなこと（ＬＩＫＥ）を続けるために仕事する
・ライフワーク：人生を充実させるため（ＬＩＦＥ）、仕事を位置づけて生きる

おそらく誰もがライスワークは論外と評価されると思っただろう。入社前の面談で「食べるために稼げればそれでいい」と働く目的を話す勇者はそういないはずだ。し

かし、上辺だけ繕っても会話の中で感じ取られてしまうものである。例えば、学生時代にどんなアルバイトをしていたか、アルバイト先を選ぶときはどんな優先順位で決めていたかを振り返れば、働くことに対してどんな価値観をもっているのか容易に知れる。

ライクワークは、例えば建物を見て回るのが好きだからとか、大学で建築を専攻したからといった、「好き」を続ける目的で仕事をするものである。動機としては理解されやすいだろう。だが、入り口としては良くても、好きだという気持ちだけでは仕事として持続させるのは難しいことが多い。お客様や仕入元など取引先との関係も職場の環境も、たいてい人間関係がネックとなって大小のトラブルが発生するし、技術不足や経験不足から思い悩むことも多い。行き詰まって嫌になってくると、「好きなことを仕事にするのは間違っていたのではないか」「好きなことは趣味レベルのほうがいい」と考えてしまうかもしれない。ライクワークにとどまっていると、仕事は短命に終わってしまう。

ライフワークは、たいていの場合、好きであることにプラスして「こういう人生を送りたいから」と、目的を達成するための手段として仕事を選択する。嫌いなことを仕方なくやっているうちにのめり込む場合もないわけではないが、よほどの使命感でないと続けることが難しいだろう。逆に言えば、仕事を持続させる原動力として、生きる目的や使命感が好き嫌いよりもずっと強く働くのが、ライフワークの特徴である。

「3人のレンガ職人」の話を聞いたことがあるだろうか。

旅人が町外れの一本道を歩いていた。見ると、一人の男がレンガを積んでいる。何をしているのかと尋ねたところ、その男は答えた。

「レンガを積んでいる。親方の指示で」

もう少し進むと、別の男が同じようにレンガを積んでいた。問うと、その男はこう答えた。

「レンガで壁を造っている。家族を養うために」

さらに進むとまた別の男が同じようにレンガを積んでいる。問うと、その男はこう答えた。

「大聖堂を建てている。歴史をつくるために」

まったく同じ仕事でも、目的の設定が違うだけで、大きく成果が変わってくるという例だ。

人生観はステージによって変化するから、仕事観も当然、年齢が進むにつれて変わっていく。働き始めの20代にライクワークだった人は、家庭をもち家族を養う柱となる30代～40代にはライスワークへ移行しがちだ。何事もスタートが肝心。今気づいたこのときを起点にして、ライフワークを意識した働き方を考えていこう。年齢を重ね、経験を積む中で、自分はこの仕事で何を成し遂げようとしているのかと、人生観を高めていってほしい。

「何のために仕事をしている?」

この問いに正解はない。自分自身に対し、正直な気持ちを言葉にしてみよう。そうすれば、今の働き方が「ライ〇ワーク」のどれに当たるのか、はっきりと見えてくるだろう。

なぜ会社選びは難しいのか

いい会社に入りたい。誰しもそう考えて就職先を選ぶ。では、いい会社とは何だろうか。

ここまでの文脈で考えれば、ライフワークを体現する会社だという回答が聞こえてきそうだ。たしかに一言にすればそうなるだろう。しかし、「企業理念に賛同」した会社に入りさえすればその目的が達せられるだろうか。就職してからの働き方、生き方を全うさせてくれる場が具体的に用意されている会社をどうやって見つけたらいいのだろうか。

身も蓋もない言い方になるが、そのような考え方をしているうちは、ライフワークを体現する働き方にはならないだろう。白馬の王子様は決してやってこないのだ。会社の方針に沿って一生懸命頑張ればライフワークが向こうからやってくるわけではない。

前章までで見てきた通り、世の中は常に変化し続けている。インパクトの大きな社会事象が発生すれば、社会の価値観などガラリと変わってしまう。企業は社会経済活

図2-1　なぜ会社選びは難しいのか

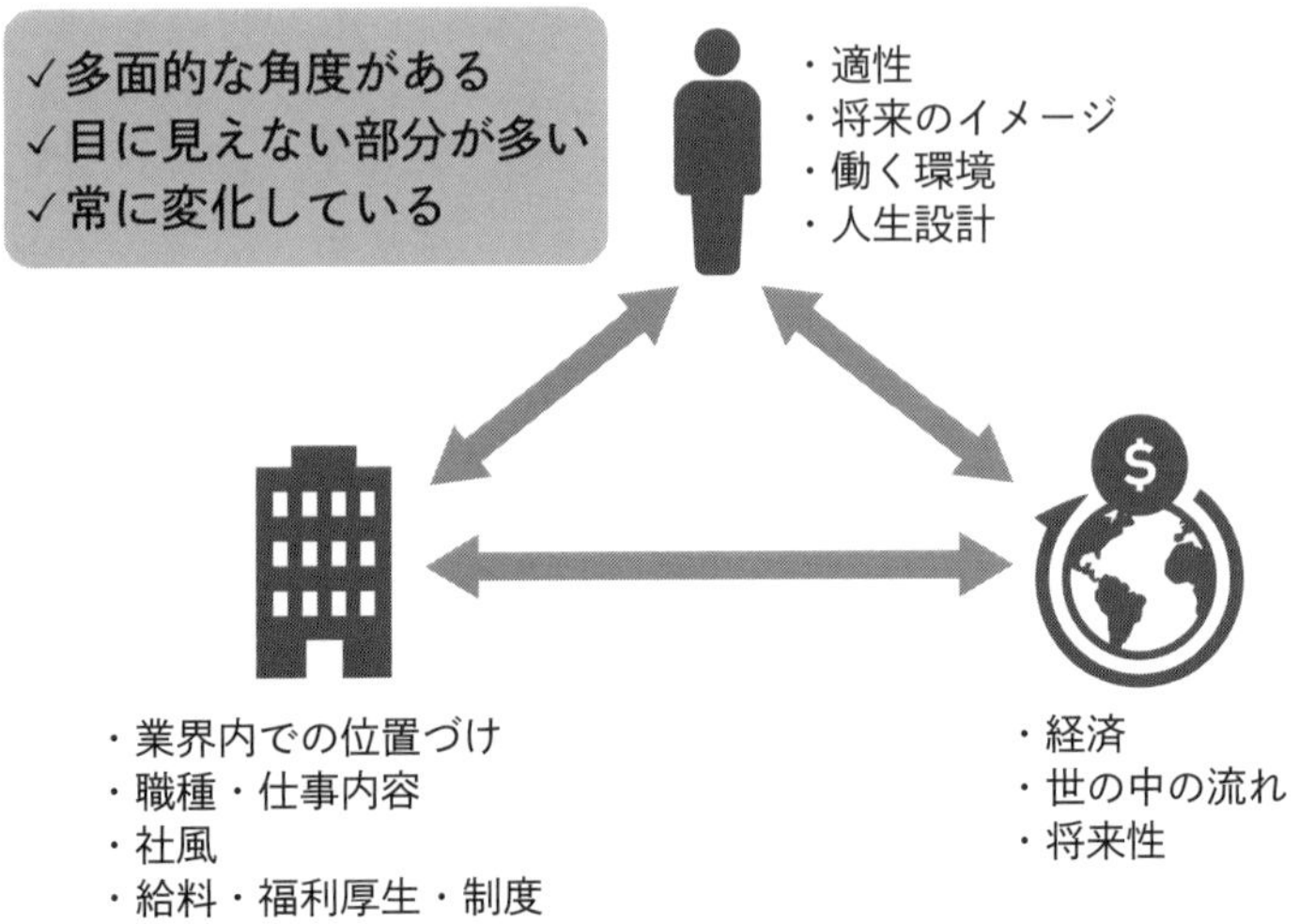

動の一部に過ぎないから、時代が動けば会社の方針も体制も刷新する。そして、働く者自身もまた年齢とともに価値観も行動の優先度も変わる。あらゆるものが不確定で変化し続けて予測不可能な中、何を基準に判断すればよいのかがわからないため、難しいと感じてしまうのだ。

一つを選ぶという行為は、つまるところ、それ以外の可能性をすべて捨ててしまうことに他ならない。予測できない未来を前に、経験の浅さから自信を失い、判断を迷い、捨て去ることへの未練が起きる。だから苦しいのである。

だが、全体像を俯瞰《ふかん》して、考えの枠組みを根本から変えてみよう。今の選択肢による影響から未来を想像するのは、積み上げ思考の考え方だ。企業を選ぶ行為も未来志向と逆算思考で捉えるのだ。自分がどうありたいと思っているのか、その実現のためにどんな方向をめざすのかを次元軸で考え、その第一歩として自分にふさわしい企業を選ぶ。就活とは自分の生き方の軸を見つける活動なのである。

企業理念は道しるべ

自分の「望ましい未来」にふさわしい働き方、生き方ができる企業を選ぶ際、最も重要となるのが、企業の掲げる理念である。

正直ベースで言えば「企業理念」をどう扱えばよいか、面談のテクニックとして困っている就活生がけっこう多いのではないかと思う。理念はテストに出すための「ふるい」ではないのだが、どの企業も一言で表そうとするあまり、抽象度の高い言葉が並んでいるため、単なる理想論やお題目のように見えてわかりづらいのはたしかだ。

しかし、この理念ほど企業活動にとって重要なものはない。理念は、経営の哲学であり、社会に対してどのように貢献しようとしているのかを示す道しるべだ。「何のために仕事をしているのか」の溢れる思いを企業の側から示しているものなのである。

私は常に理念を軸に話をする。「君のその仕事は進和の理念を体現しているか？」と問うこともしばしばある。だが、これは進和建設工業への愛社精神を試しているわけではない。

理念はめざすべき目標、あるべき姿を明文化したものであり、企業活動の軸となるものである。どんな状況になろうとも、理念を心から共有し、それを実現しようとの強い思いをもっていれば、チームで進む道がぶれることはなく、どんなに歩みが遅くても目標は達成できる。

働くことと生きることはシンクロする。人生のあらゆる場面で企業理念を判断基準に行動してみるといい。「私の取ろうとしている行動とこの理念は合致しているか？」と常に問い続け、企業理念の体現をイメージして自分の哲学を深めてほしい。そうすれば、その会社で働き続けることが自分にふさわしいかを具体的に考えていけるだろう。

中には、美しく装飾されているが単なるキャッチフレーズになってしまった理念しか掲げていない企業もあるかもしれない。理念を考えるのにどのくらい真剣に向き合ったのかを聞いてみるといい。企業のあり方と真摯に向き合い、時間をかけ深く考えた理念であれば、ビジョンやミッションも明確で、すべての判断基準や行動指針がぶれることなく繋がり、軸になっているものだ。

理念を体現することとは、すなわち確固たる軸が自分のなかにできるということだ。迷った場合でもこの理念に立ち戻れば選ぶべき道が自ずと見えてくる。大きな谷に落ちたときも、這《は》い上がれない弱さに飲み込まれそうになったときも、方向を見失わず生還できる北極星。それが企業理念なのである。

会社と自分の全体像を捉える

企業理念は、経営の軸ではあるものの、その企業の具体的な姿をすべて言い表しているかというと、言葉の制約上無理がある。一生懸命考えれば考えるほど、「良い言葉」が並んでしまう。このため、理念の文章だけを読解して全体像を推し量るのは困難である。では、何をもって企業の全体像をつかめばよいか。

前章で、生きるためにもつべき考え方のひとつとして「全体最適思考」を紹介したが、会社の経営についても同じことがいえる。つまり、未来志向で全体像をつかみ、あるべき姿に向かって逆算思考で行動するのは、経営でも同じなのだ。大きく違うとすれば、個人であれば、自分の生き方一つを全体像としてとらえるのに対し、組織経営の場合は、様々な部門が相互に関連し合う中、それぞれの部門内でも同じ理念をめざし、ぶれない軸をもって全体最適思考で行動する重層構造をもっている点である。

理念に共感した企業に対しては、ぜひこうした全体像を自分なりに整理してみてほしい。そこに入っている言葉に違和感はないか。関連するはずのワードの関係性に無理はないか。うまく一つの図にまとまらない場合、その会社の理念は残念ながらあまり練られることなく作られた美辞麗句なのかもしれない。

そして、中に入ったワードをひとつひとつ自分自身の考える生き方の全体像や望ましい未来と照らし合わせ、自分なりの定義付けを行ってみよう。「〇〇にとって、それはどういう意味をもつのか」という問いは、個人に向けても、企業に向けても、シンプルかつ重要な一石を投じるものなのである。具体的なイメージで定義付けを広げれば、企業の理念と自分の理想とがどのように合致しているかが見えてきて、その会社の中で働き、ライフワークを実現している自分が想像できるはずだ。「入社してからどのような活躍をしていきたいか」という企業からの問いに対しても、いきいきとした自分のあり方のイメージとともに伝えることができるだろう。

自分のグランドデザインを描く

私はよく学生に「グランドデザインを描きなさい」という。グランドデザインとは、言い換えると「全体構想」。自分の価値観を高め、そこから生まれた人生目的を軸に仕事を選び、会社を選ぶ。このときに思い描く全体像である。企業もよくグランドデザインを掲げている。各項目を自分に当てはめてみれば、グランドデザインを自分の人生に置き換えることができるだろう。

例えば、大地に立って枝葉を広げる大木を思い浮かべてみてほしい。根っこがなければ、樹木は大きく育つことができず、暴風雨や環境変化などの困難が生じるとすぐに倒れてしまうだろう。根っこが土に埋もれて見えないところから大木を支えているように、人の根底にある「存在価値」や「価値判断基準」「ミッション」すなわち「理念」は、姿カタチとして見えるものではないが、最も重要な部分である。そして、その根っこの支えによって、どのような枝葉を伸ばし花を咲かせるのかが決まっていくように、ベースとなる「理念」が「志」や「ビジョン」という花へと昇華していく。現実世界でどのようなことを成し遂げたいか、周囲にどのような影響を与えているかという「結果」の部分になるのである。この「ビジョン」という名の花を咲かせるために必要なのが幹、すなわちビジョンの実現を支える「戦略」や「方針」だ。

自分のグランドデザインを描き、企業のそれと重ね合わせ始めると、かなり具体的に企業を絞り込んでくる段階になっているはずだ。企業案内の資料やホームページなどから情報を集め、企業の歴史や、創業者もしくは現トップの人生観、経営理念などを確認しよう。

ここで、企業を選ぶときに大事な要素となるポイントがある。①企業の歴史を読む。②理念を読む。③企業の特徴を読む。この3点だ。

一つめの「企業の歴史」には、事業を興し成長させている経営者の人生観が表れている。従業員がコストと見られるような扱いを受けているかどうかや、従業員が自社の利益だけでなく、世の中に役に立つ存在として働くことを使命と考えているかどうかなどは、経営の沿革に顕著に表れてくる。企業の歴史は経営方針の結果なのだ。

二つめは理念である。理念については前にも触れたが、理念は、企業の存在理由を端的に示している。自分に合う存在理由になっているかを見極めよう。また、従業員の中にその理念が浸透しているかも重要である。誰も体現しないお飾りの理念になっていないかを、よく確かめておきたいところだ。

三つめは、大手か中小かという企業の特徴である。企業規模によって、どんな働き方ができるかが変わってくるのだ。むろん、大手だろうが中小零細だろうが、悪質企業も優良企業も存在する。その前提で、働き方の特徴を読み解いておきたい。大手企業は社会に与える影響は大きい。しかし、組織が大きいだけに、個別の業務は細分化され、専門性が特化されていることが多く、全体像をつかむまでが一苦労だ。組織の歯車として働かざるを得なくなり、自分の力による達成感を得るまでにはかなりの時間がかかるだろう。一方、中小企業は影響力という面で見れば大手より劣るかもしれないが、その分小回りは利きやすく、幅広い業務に早い段階から関わることができるはずだ。どちらの働き方が良いというものではない。あくまで自分の肌に合うのかを冷静に判断すべきである。

これら三つのポイントを頭にとどめ、自分のグランドデザインと照らし合わせながら企業選びをしていこう。

ポジティブで利他的な「野心」をもとう

グランドデザインを描く際に覚えておいてほしいことがある。自分の中に眠る「野心」を殺してしまわないようにすることだ。

野心というと、根拠のない自信で周囲を振り回す身勝手な行動であり、いずれ自分

図2-2　ポジティブで利他的な野心をもとう

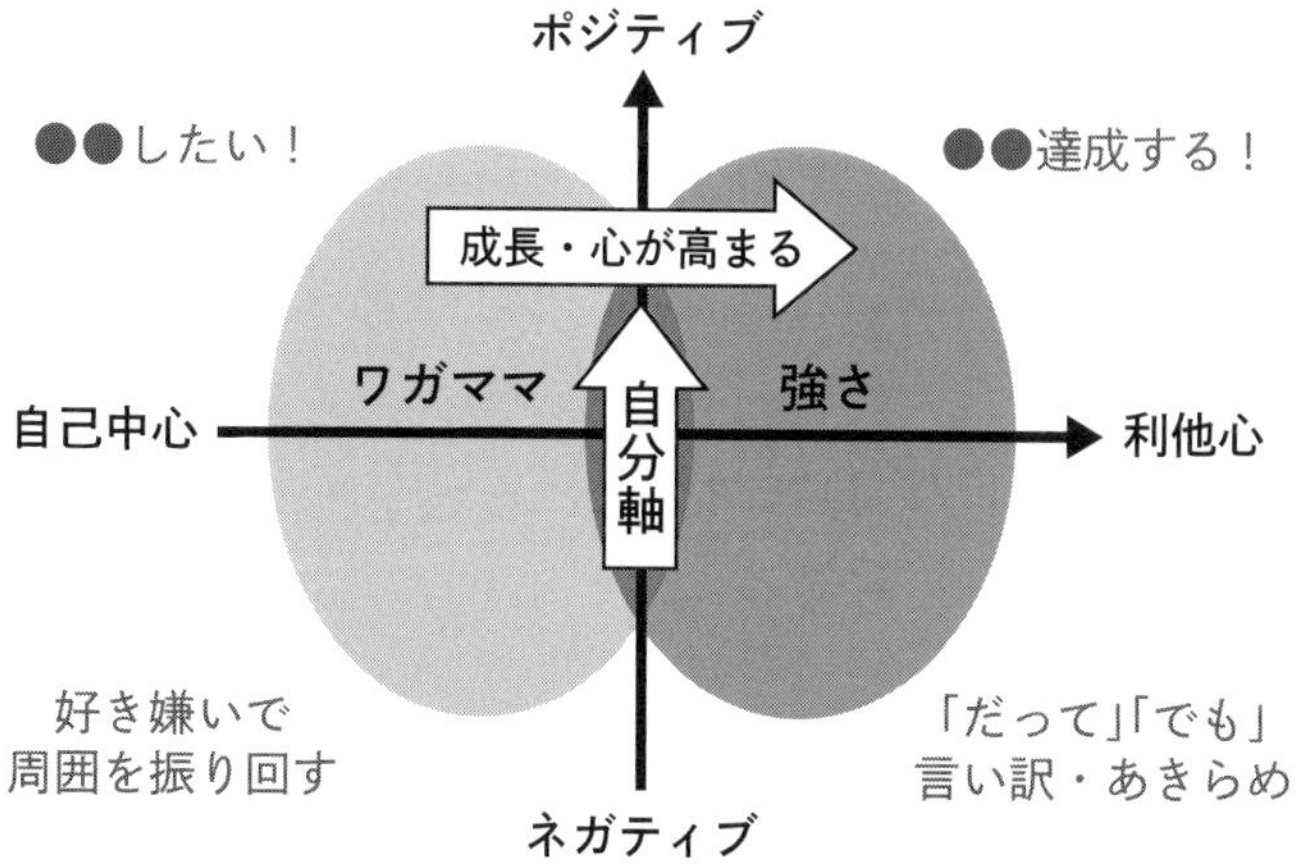

強さとワガママに境界線はない

の身を滅ぼすものと考えてしまっていないだろうか。たしかに暴走すればそのような状態になるかもしれないが、それは野心の問題ではなく行動の問題といえよう。野心とはやる気の強さだ。方向性さえ間違わなければもちつづけるべきものである。

野心の方向性は、利己的か利他的かの軸と、ポジティブかネガティブかの軸で表すことができる。ポジティブで利他的な野心は、強くあればあるほど周囲を巻き込んでイノベーションを起こし、新しいステージへと引っ張っていくだろう。逆に自己中心的でネガティブな野心は、周囲を振り回すだけで何も生み出さない。このように、野心の強さはグラデーションで広がるものであり、方向性と強さがちょうどよければ最高の結果を生み出す良い影響となるのである。

ビジョンを共有する

明確な経営理念があってこそ、しっかりとしたグランドデザインが描ける。そして、グランドデザインという土台がしっかりしているからこそ、大きく幹や枝を伸ばした成長が期待できる。理念という根の部分がなければ着実な成長の基礎は望めないものであるが、理念と同じくらい重要となるのがビジョン、すなわち、めざすべき成長の姿である。

働き方は、生き方そのものである。就活は生き方を考える活動なのだ。自分を見つめ直し、自分を知り、モデルを見つける。5年先の自分から今の自分へ語りかけるようにして俯瞰し、自分を成長させる設計図を描く。将来のイメージをつくり、それに合った仕事や職場を探す。この土台となるのがグランドデザインであり、描く姿がビジョンなのである。

全体のグランドデザインを大木のイメージで広げておき、自分自身のビジョンを描いて、思いつくまま書き連ねてみよう。どんな形で表現したいと考えているのか、文字となって見えてくると改めて自分にとっての「望ましい未来」がどのようなものなのか気付かされることも多いはずだ。企業と一緒になって体現したいこと、プライベートで手にしたいことを洗い出し、最も大切にしたいことを三つ、出してみてほしい。このプロセスを何度となく繰り返していくうちに、ポジティブな野心も強くなっていくはずだ。

自己分析する

就活でまず取り組むよう指導されるものに自己分析がある。自己分析は、単に過去を振り返って並べ、強みや弱みを整理し適性を判断するものではない。あくまで、前項までで見てきたグランドデザインを踏まえて行うべきである。

分析とは、情報を収集・集約し、判断基準に照らし合わせて行われる。つまり、判断するために分析するのである。では、就活において自分を分析するということは、一体何を判断するためのものだろうか。

これまで一貫して伝えてきたのは、企業と自分の理念やビジョンが重なったものであることが重要だという話だ。つまり就活における判断は、自分と企業が同じ価値観を大切にしているかを判断することなのである。

企業に対し、自分のもつ価値観が同じであり、ビジョンを共有していることを伝えるため、これまでどんな生き方をし、またどんな考え方をしているのか、実現に向けてどんな目標を設定し、今何ができて、これからどんな計画をもっているのかを整理する。それが自己分析なのである。

自己分析の後は、履歴書やES（エントリーシート）を実際に書いていくことになるだろう。このときポイントとなるのは、「採用側の目線をもつこと」だ。どうしても自分の思いを中心に書き連ねたくなるが、一方的なラブレターは煙たがられるだ

図2-3　自己分析の構造

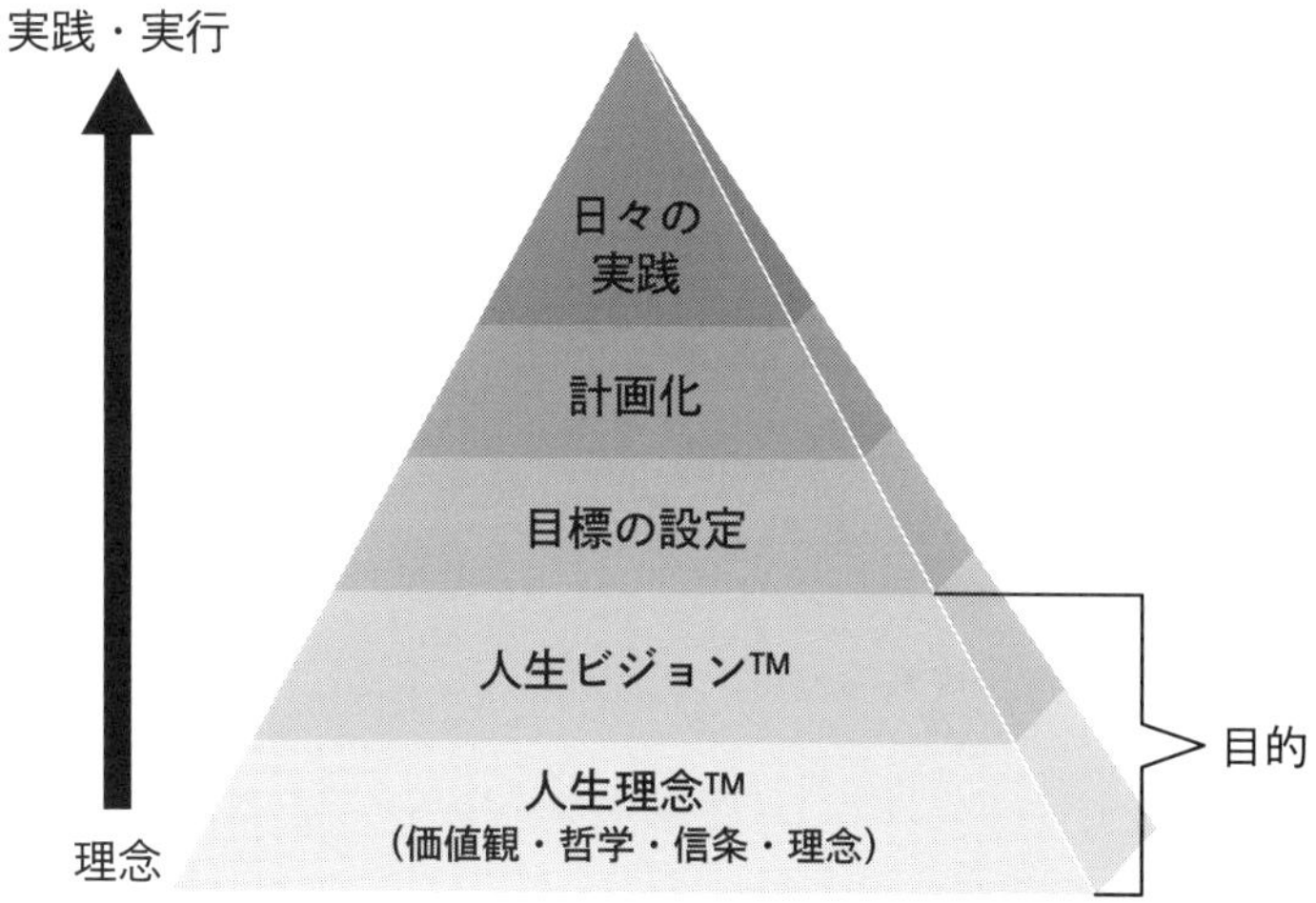

けだ。

採用側の目線に立ってみよう。その企業のめざすビジョンを共有し、具現化する力をもった人と一緒に目標を達成していきたいにちがいない。自分がいかに企業の理念やビジョンを理解し、その目標に向かって突き進むために必要な人材であるかをわかってもらう手紙が、履歴書やＥＳなのである。

自己分析で得られた結果を元に、「他のどこでもない、この企業のミッションだから働く意味がある」「人生のビジョンと共鳴する理念だから、これまでの歩みが生かされる」という情熱を言葉にしてみよう。

ゴールを定める

グランドデザインを描いた自己分析ができれば、就活は8割がた進んだようなものである。ここまでの流れを整理すると、就活で必要なのは次の4ステップであり、それぞれを日々高める中、ふさわしい企業を選び、また企業から選ばれていくことになる。

・望ましい未来、めざすべき姿を描く
・目標に照準を定め、現在の自分を知る
・野心をもって、人間性と能力を高める
・自分を伝えるためのコミュニケーション能力を高める

ただ、就活の大きな骨格がしっかりしただけでは、具体的な就活の成功には繋がらない可能性が高い。残りの2割を引き上げるのがたいへんなのだ。

就活の成功曲線を9割まで引き上げるポイントが、ゴールの設定である。

これまで何度も、理念やビジョンといった形で「めざすべき姿」を考えるようにと言ってきた。おそらく、またその話かと思ったはずだ。確かに、基本的な考えはこれまで話してきたこととまったく同じである。望ましい未来を描き、全体像を俯瞰した上で、逆算思考でなすべきことを考えるのだ。

今回お話しするのは、その「逆算思考でなすべきこと」のゴールである。

俯瞰・逆算で考えるのは、地図を真上から見下ろして道順を考えるのに似ている。目的とする到達地点を定め、そこまでの最適なルートを割り出す。直線が良いとは限らない。その道を通ったときに自分がどうなっているか、たどりついたときに自分がどういう状況になっているかを想像しながら最適を探す。そして、長くかかる道のりや複雑で曲がりくねった道などであれば、要所に目印となる場所を定め、いつごろそこを通りかかればよいかの目安を立てておくだろう。

就活における逆算思考でなすべきことも、これと同じである。一直線でさっさと終わることはよほどでない限り期待できないだろうから、いくつものルートを予想し、立ち止まってふりかえるポイントを定めていくだろう。このポイントが、小さなゴールになっているはずだ。

弓などシューティングの経験がある人ならば、遠い的の場合、手元がわずかにぶれるだけで的を大きく外してしまうことは実感を伴ってわかるだろう。的までの距離が長ければ長いほど、ずれは大きくなってしまう。軌道の確認はできるだけ短いほうが良い。最終目的からの逆算でのルート設定には、その間の細かなゴール設定が欠かせないのである。

最終のゴールと、途中のゴールが決まれば、その差分を埋めることに集中すればよく、いちいち悩まないですむ。各段階でのゴールが明確に定まっているため、その間にすべきことも決まっているし、目的に照らし合わせれば、優先順位も明らかになっているだろう。


もうすでにお気づきのことと思うが、このルートと小さなゴール設定の考え方は、就活だけにではなく、すべての目標設定の考え方に通じるものである。

就活は、これから社会に出て働き、生きるための、トライアルプロジェクトなのである。

2　組織体制から読み解く

前節では、就活を始めるにあたっての心得として、グランドデザインを描き、ビジョンを共有すること、目標に照準を合わせた自己分析をすること、小さなゴールを設定して人間性と能力を高め、情熱をもって語る力をつけることについて論じた。

ここからは企業側、つまり具体的な企業を選ぶ際にどのような観点で情報を集めるとよいのかを見ていこう。その企業で働いた自分のイメージづくりを行うわけである。

組織体制をチェックする経営者になったつもりで観察してみよう。

企業が求める人材とは

就活の際に企業の理念を読み解くのと同じくらい丁寧に見ておきたいのが、企業の考える「人づくり」のあり方である。

経営戦略としても人づくりはとても重要である。企業にとっての「人」は、管理されるべき資源でなく、イノベーションを起こし企業価値を高めるための資本なのである。私は、社長に就任したときからずっと、「人づくり」を経営者の責務と考え、人材育成を経営ビジョンの根幹に据えてきている。

とはいえ、である。企業は人を雇い入れるが、それは慈善事業で教育を行うためわけではない。人づくりはあくまで企業経営のためである。

では、企業が人を採用するのは何のためなのだろうか。会社の規模を大きくするため？　会社内の多様性を広げるため？　将来の幹部候補を育てるため？　それとも欠員補充？

私の場合は、採用の目的に「世の中に役立つ人を創り続ける」を第一に挙げている。そのため、理念に共感する人、ともにビジョンを共有して体現する人、価値観を高め合う人を増やすことが、採用のコンセプトである。

経済産業省は、２００６年に「人生１００年時代の社会人基礎力」を提唱している。これは、人口減少社会や少子高齢化、長寿化などの社会現象や、第４次産業革命

図2-4　「人生100年時代」に求められるスキル

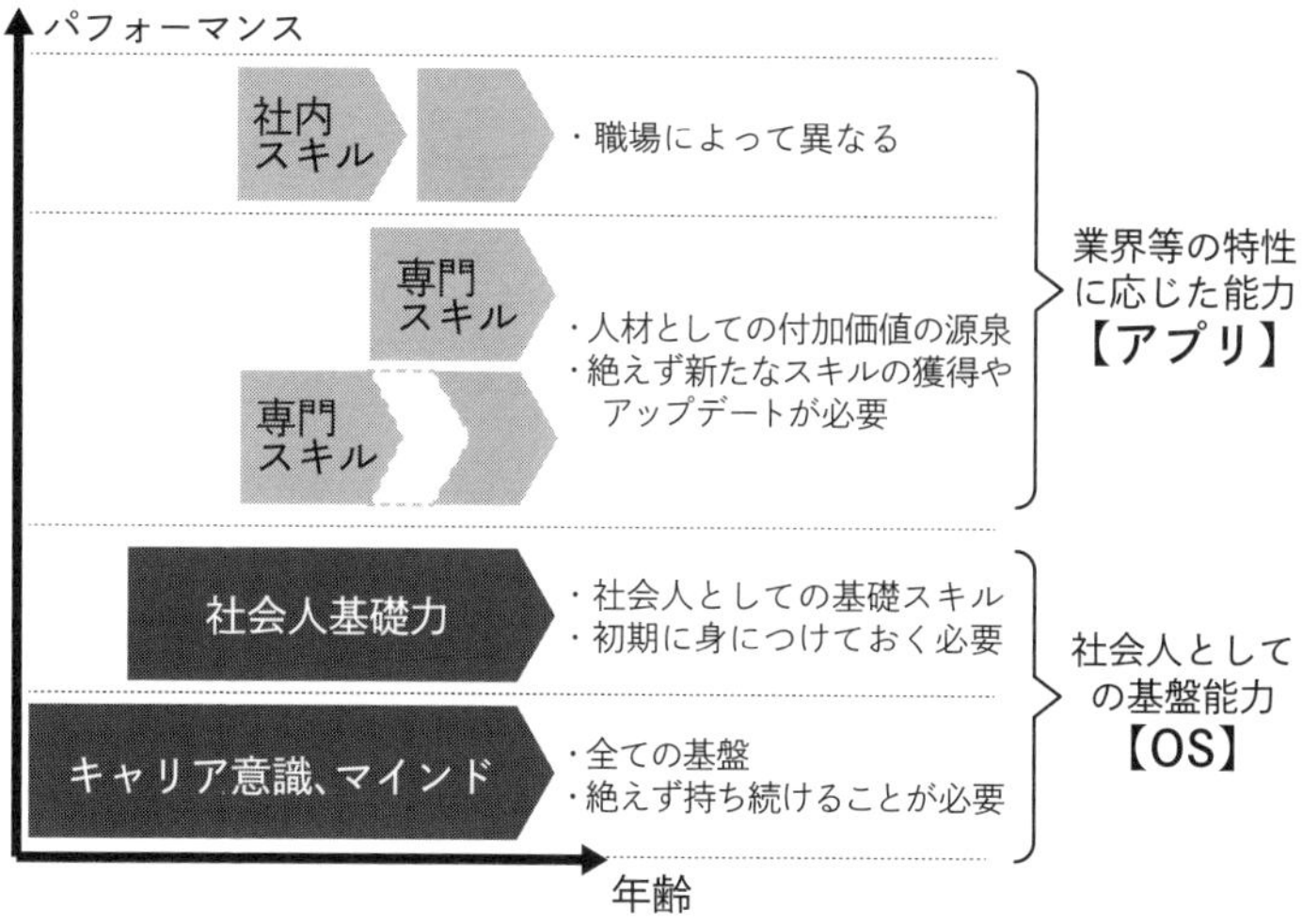

の元、職場や地域社会で多様な人々と仕事をしていくために必要な基礎的な力がより必要になってきているとして整理されたものだ。100年という長い期間を生きるということは、それだけ一人一人が企業や組織、社会と長く関わっていくということになる。ライフステージの各段階で活躍し続けるため、段階別に求められる力が説かれている。

　ここで示されているのは基礎力である。パソコンで例えるとOSだ。専門的キャリアを積み上げるまでに必要な、人間性を向上させる基盤に相当する。職業としての専門性はその基礎の

図2-5　社会人基礎力

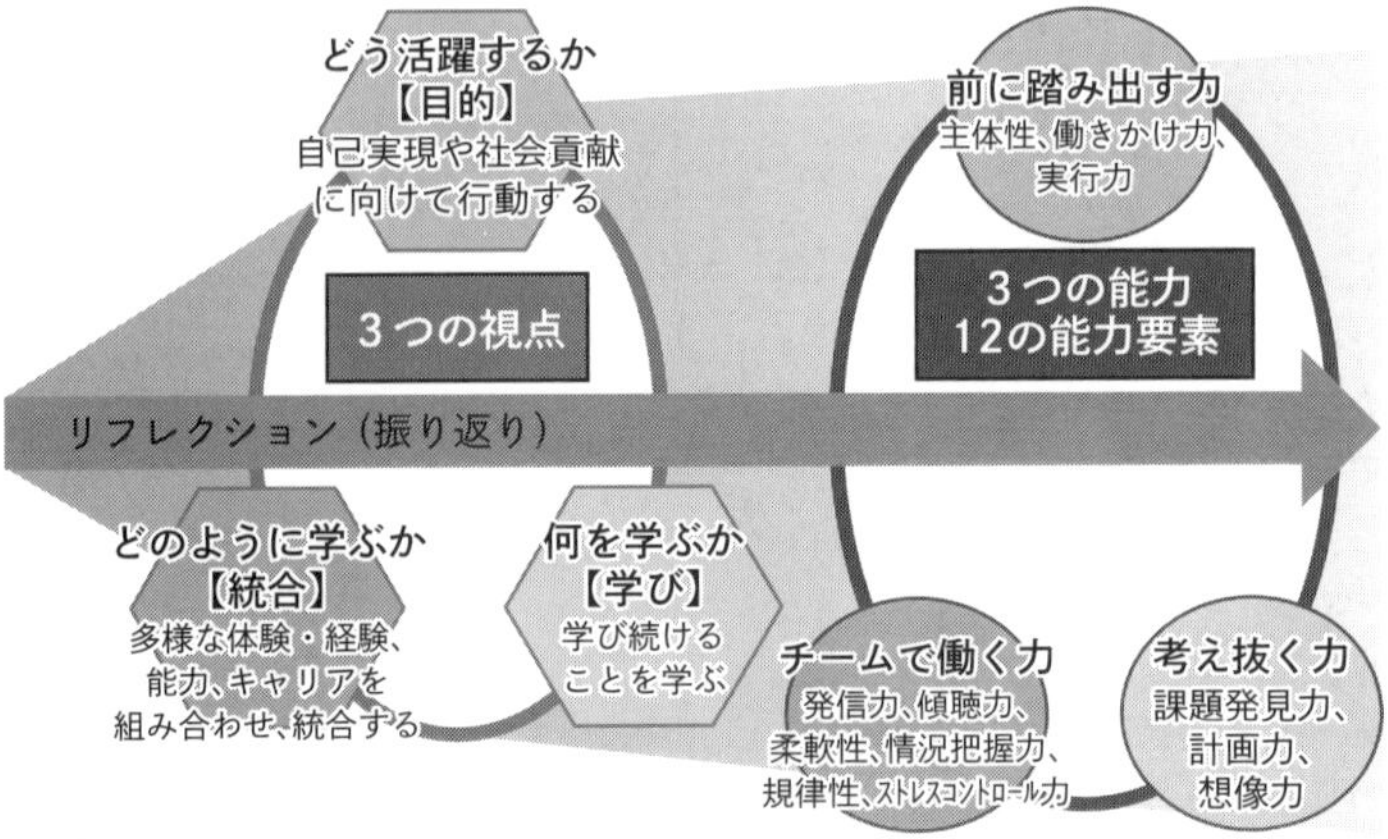

前に踏み出す力（アクション）　～一歩前に踏み出し、失敗しても粘り強く取り組む力～

主体性	物事に進んで取り組む力
働きかけ力	他人に働きかけ巻き込む力
実行力	目的を設定し確実に行動する力

考え抜く力（シンキング）　～疑問を持ち、考え抜く力～

課題発見力	現状を分析し目的や課題を明らかにする力
計画力	課題の解決に向けたプロセスを明らかにし準備する力
創造力	新しい価値を生み出す力

チームで働く力（チームワーク）　～多様な人々とともに、目標に向けて協力する力～

発信力	自分の意見をわかりやすく伝える力
傾聴力	相手の意見を丁寧に聴く力
柔軟性	意見の違いや立場の違いを理解する力
情況把握力	自分と周囲の人々や物事との関係性を理解する力
規律性	社会のルールや人との約束を守る力
ストレスコントロール力	ストレスの発生源に対応する力

出典:経済産業省　社会人基礎力より

上に積み上げるアプリである。ＯＳとアプリはどちらか一方だけでは機能しない。また、時代の流れに合わせて常にアップデートしていかねばならない。人間力も同様で、この二つの階層で考えていく必要がある。

基礎力は、「三つの視点」と「三つの能力／12の要素」で構成される。

三つの視点

・どう活躍するか（目的）
・何を学ぶか（学び）
・どのように学ぶか（統合）

三つの能力

・前に踏み出す力（アクション）
・考え抜く力（シンキング）
・チームで働く力（チームワーク）

これらの「視点」と「能力」は、常にリフレクション（振り返り）を行いながらバランスよく練り上げていくことにより、キャリアを積んでいく。

採用時に「求める人物像」という形で様々な要素を示されることがあるだろうが、基本的にはここで挙げられている観点をしっかりと定め、能力を高めていくことを意識していれば、現在の社会人としての基礎部分はたしかなものとしていける。

進和建設工業が求める人物像としては、こうあってほしいと考える社員の理想像を、「志向」「資質」「人材目安」の三つの観点で示している。ただ、採用時にこれらすべてを兼ね備えている人はいない。就職後から少しずつ積み重ね、望ましい将来の人物像へと近づいていくことを期待し、掲げているものである。

社会人が重視する「コミュニケーション能力」とは

学生と社会人とで意識の差が大きいもののひとつに「コミュニケーション能力」がある。同じ言葉だがもっている印象がかなり異なるのだ。学生に聞くと、「仲良くできる」「気の利いた面白い話ができる」「会話が続く」という能力だという。やりとりが気持ちよく進むかどうかに焦点が当たっている。だから強みを話す際にも、「会話を盛り上げるのが得意です」「たくさんの交友関係があります」「初対面の人とも気後れせず話せます」といった長所を挙げているのをよく見かける。

だが、社会人側が求めているコミュニケーション能力にはそのような楽しさは要らないのだ。ほしいのは、正しく伝わる意思疎通。どう伝えたかでなく、どう伝わったが問題なのである。

実はこのコミュニケーション能力、採用時に重視する要素のトップを走り続け、チャレンジ精神やリーダーシップ、専門性よりもはるかに多くの割合を占めている。この事実からも、いかに多くの期待値に対するギャップ、「伝えているつもりで伝わっていない問題」が現場で発生しているかが見てとれるだろう。

社会に出てからは、学生の頃と段違いにチームで動き、チームでの成果が求められるようになる。会社に限らず、地域やボランティアなどの組織でも、必ず共通の目的

図2-6　新卒者採用の際に重視すること

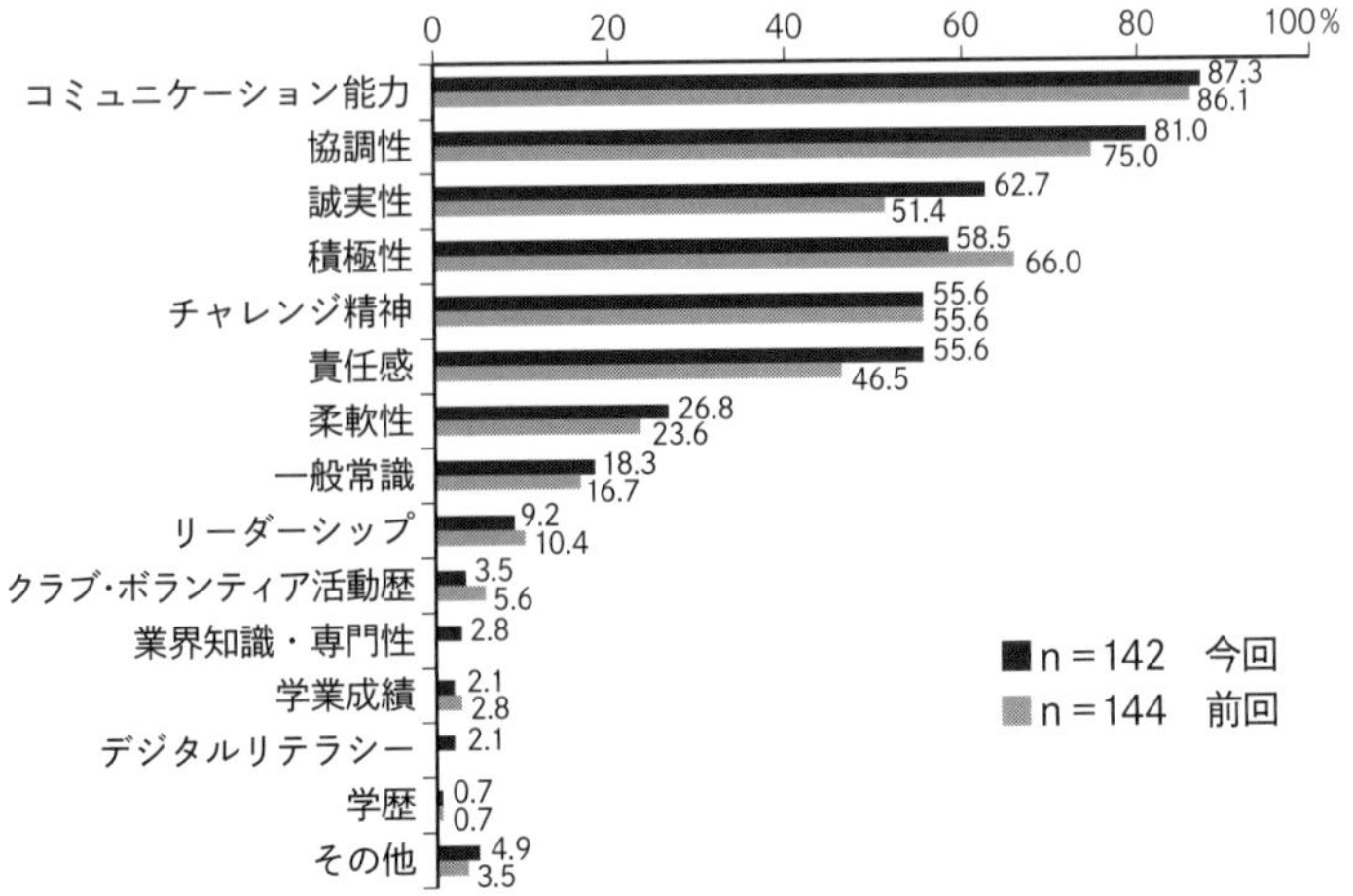

出典:公益財団法人地方経済総合研究所「2021年度新卒者採用に関する動向調査」(2021年4月)より

をもった人たちが集まり、その目的を達成するために、意思疎通をもっている。ただの「群れ」であればその場の居心地が良くなるよう盛り上げればいいだけだが、目的に向かって進む組織には、互いが同じ目的を共有しているか、めざす方向や足並みがずれていないかの確認が必要になる。この確認のスキルがコミュニケーションなのである。

社会人が考える「コミュニケーション能力が低い人」の特徴を見てみよう。

・人の話を聞かない

・話の目的、結論がはっきりしない
・自分の都合しか見えていない
・相手の話を途中で乗っ取る（話題をすり替える）
・ネガティブな発言や反応をする
・相手に関心を向けない
・会話を広げたり深めたりしない

この特徴に共通するのは、「相手をしっかりと見ていないこと」だとわかるだろう。社会人にとってのコミュニケーションには、「相手の意図を正確に汲み取り、相手に自分の意図を正確に伝えることができたか」の能力が必要なのだ。

コミュニケーションは、どう話すかより、どう聴くかの姿勢がとても重要なのである。先輩や上司になったつもりで、自分の聴き方や話し方を観察し、どう受け取られているかを想像してみてほしい。

意図は繰り返し伝える

前項で、コミュニケーションは「伝わってナンボ」のものだと話したが、では、具体的にどのように伝えればよいのだろうか。そのヒントの一つが、「意図を伝える」である。

人は、育ってきた環境も学んできた内容も、一人一人すべて異なる。双子であっても同じにはならないのだ。したがって、使っている言葉が同じでも、話し手と聞き手のそれぞれで、意味付けがまったく違っていても不思議ではない。

例えば、「明日中に資料を作ってほしい」「わかりました」のやりとりがあったとしよう。頼んだ側は急ぎだからすぐに客先へ出せるくらいの完成度で作ってくれるだろうと思っている。しかし頼まれた側は、ずいぶん急ぎだから仕上げは要らないはず、粗くていいと思っている。これでは受け取ったとき「資料を作ってほしいと言ったじゃないか」「だから作りましたけど」というトラブルが起きてしまいかねない。

このコミュニケーション不足は、意図の共有が行えていない点に端を発している。何のために、誰に向かって、どの程度のものがいつまでに必要なのか、それを使ってどうしたいのかという情報が伝わっていないから、聞き手は勝手に解釈してしまっているのである。

意図は、国語的な意味合いでは、思惑といった概念的なものを指す印象があるが、この言葉を「意」と「図」に分解してみてほしい。「意」は、理念や価値観、哲学、狙いなど方向性に関するもので、未来志向、全体最適思考で捉えられる。対して「図」は、仕組みや方法、メカニズムなどの進め方に関するもので、逆算思考でとらえるプロセスに相当する。「意図が伝わるように」というとき、両方の要素が的確に入っている必要があるのだ。

なまじ日本語同士だから言葉が伝わったつもりになる。相手に関心をもつことが重要なのも、互いにわかりあえていないことを前提に、常に自分との解釈の違いを確認していく必要があるからだ。簡単だと思った会話ほど、「わかったつもり」で行動していないかをよく確認してみてほしい。

最悪をシミュレーションする

いわゆる「詰めが甘い」人には特徴がある。目標も立てた、行動計画も理想的なものを作ったのだが、着手すると予想外の障害で頓挫。これを小さく繰り返すうち、当初の想定より進捗《しんちょく》が遅れ、期日間際になって突貫工事で終わらせる。しかしやっつけ仕事のため、成果物の水準は期待値をはるかに下回ってしまう。

同じように計画を立てているはずなのに、粛々とこなしていける人とはどこが違っているのだろうか。そのヒントをリスク管理の観点から見ていこう。

リスク管理とは、トラブルが発生してからどうにかすることを指すのではない。起きるかもしれないリスクを予測し、事前に手当をしながら、万一起きたときの最善手を予め《あらかじ》シミュレーションし、必要な情報を集めておくことをいう。

リスクは、発生確率と影響度の軸で、四つの象限に分けることができ、それぞれに対処法がある。

・回避（発生確率高／影響度高）リスクに出会わないよう事前に避ける

図2-7　リスク対応の4象限

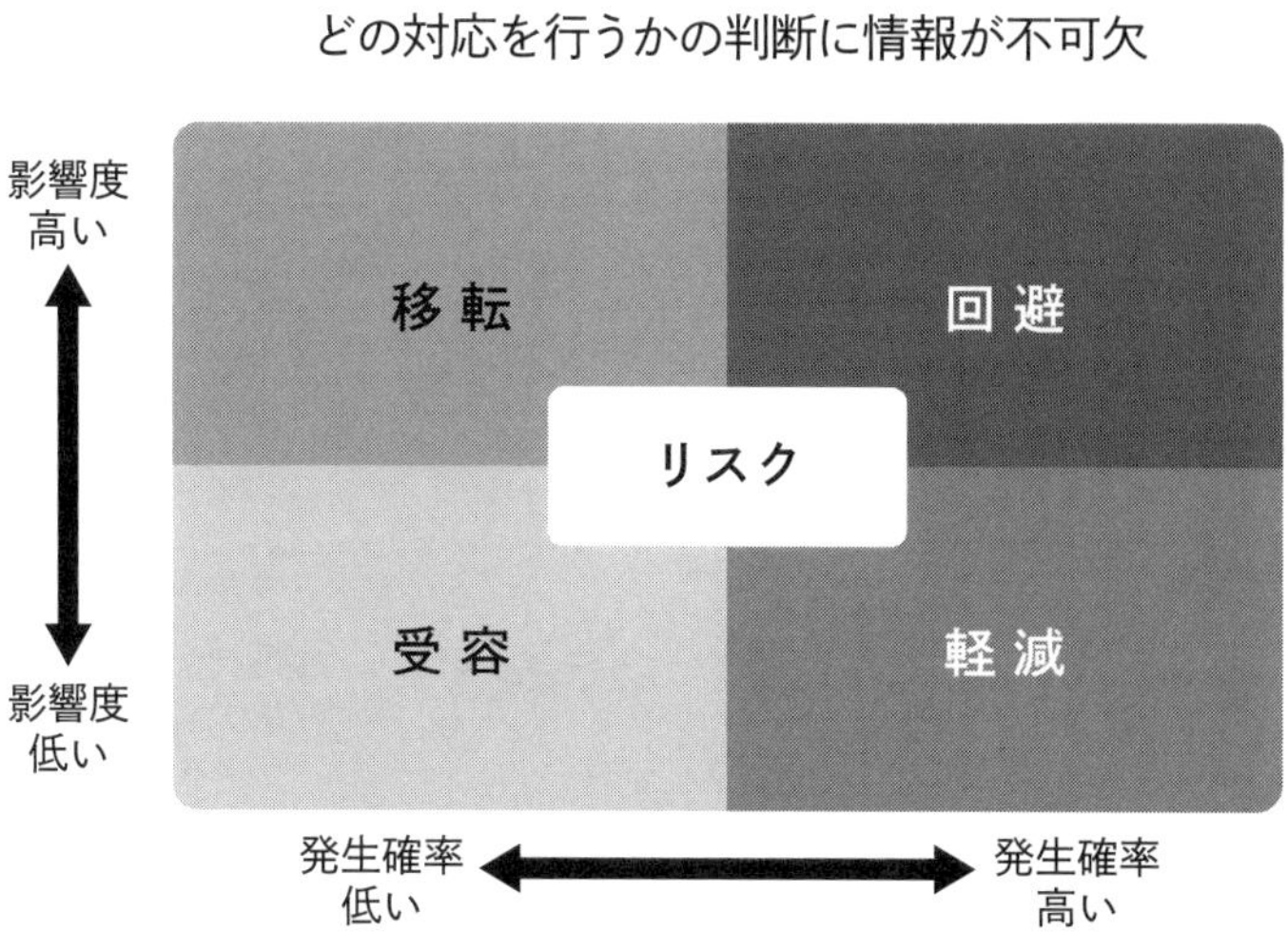

・軽減（発生確率高／影響度低）ある程度のリスクは受け止め、被害を最小限に抑える
・移転（発生確率低／影響度高）リスクが起きても保険など別の方法でカバーする
・受容（発生確率低／影響度低）リスクはそのまま受け止める

いずれの対応を取るにせよ、事前の備えと、発生時の素早い状況判断が欠かせない。その支えとなるのが情報である。山あり谷ありのプロジェクトでも身軽にこなしているように見えるマネージャーは、情報収集能力と判断能

力が優れており、リスク管理に長けているのだ。
普段から適切な情報に触れる力と、いつでも反応できる判断の力を養っておこう。

自分の行動指針をもとう

企業理念やビジョンを読み解いていくと、その延長上に「行動指針」という項目が見つかることがある。行動規範やクレドと呼ばれることもあるが、おおむねこの行動指針を指している。

行動指針とは、企業として「望ましい未来」「あるべき姿」を体現するために掲げた具体的な行動の軸である。企業理念と重なる部分もあるが、大きな違いは、行動指針は具体的な行動が書かれ評価の基準が設けられる点だ。実践可能な行動の要素を定めることにより、どこまで実現できているかを明確にできる。行動指針は、理念が掲げる哲学の中で描くビジョンをめざして航海する際の海路を測るコンパスといえるだろう。

企業は、自社の理念のもと、評価基準として行動指針を示している。当然、採用されればその軸に従って行動することになる。自分の理想とする望ましい未来と合致しているかをよく確認しておきたいところだ。その際、自分自身の中にも人生の行動指針を定めておくといい。軸があると、そこからどこまでずれているのか可視化しやすくなるからだ。

3 持続可能性から読み解く

初めから1年で辞めるつもりの者はいないだろう。企業で力を発揮し、長く勤めたいと考えているなら、その会社の持続可能性についてもしっかり見ておこう。自分ごととして捉え、生産性を上げるイメージを広げてみてほしい。

生産性を上げる法則

私はよく学生に「なぜその大学に入ったか?」という質問をする。この問いに対し明確に答える学生は少ない。しかしできる人間はこの段階から違う。何を学び、その学びをどのように社会で活かしたいか明確な目的をもっており、その目的を実現させるために大学を決めている。さらに大学に入ってからは、企業へ入社する前からインターンシップなどに参加して研鑽を積んでいる。さらには、インターンを通じて企業の状況や業界の理解も深めている。入社したときには即戦力となって働ける環境が出来上がっているのだ。

一方、日本の多くの企業は入社後に教育することを前提としている。入社したその日から給料を支払っているにもかかわらず、である。多くの新卒は、入社した後で新入社員向けの研修を受け、さらにその後配属された職場でＯＪＴによる研鑽が開始される。できる人とそうでない人との生産性に大きな開きがあるのは火を見るより明らかだ。

これからの時代、「即戦力」が求められる。今以上にグローバル化や効率化、生産性の向上が叫ばれていく中、その傾向はますます強まるだろう。自分の中の生産性を高めるため、与えられた教育をただ受け取るだけ、「上司が教えてくれない」というスタンスでは淘汰されていくだろう。学生の間から時代変化を見据え、時代に適応した生産性ある働き方を身につけていこう。

私は働くことを通じ、次のような生産性ある人間としての成長ができると考えている。

①自らの心を高める一生懸命働くことで、自分の心を鍛える、人間性を高める

②人をつくる仕事を通じ、人間として大きく成長する部下を育てる
③嫌な仕事でも「ど真剣」に働くことで、仕事が面白くて仕方がなくなる

社会の仕組みは代わり続ける。現在外すことができない技術の筆頭に挙げられる、AI、センシング、ビッグデータといった情報処理技術や、インターネット、5G、クラウドといった通信技術の背景には「第4次産業革命」と呼ばれる情報通信技術の著しい進展がある。新型コロナウイルス感染症拡大の影響により、この傾向はより鮮明になった。この後も世界は進展し続ける。第5次産業革命が起きれば世の中はさらなる「創造社会」へ変貌すると言われている。

マネジメントで有名なピーター・ドラッガーは言う。

〈以下引用〉

20世紀のマネジメントの最も重要で真に特筆すべき貢献は、製造業に従事する肉体労働者の生産性を50倍に引き上げたことである。21世紀にマネジメントがなすべき最も重要な貢献は、「知識労働と知識労働者」の生産性を同じように向上させることで

ある。20世紀の企業の最も価値のある資産は「生産設備」だった。それが21世紀には、企業でもその他の組織でも、最も価値のある資産は「知識労働者」と彼らの「生産性」になるだろう。（ピーター・ドラッカー『明日を支配するもの』より）

〈引用ここまで〉

かつて、狩猟時代から農耕時代へ、農耕時代から工業時代へと変わったときも人々の働き方、生き方が大きくシフトした。現在の変革はそれと同じくらいの大きなものが起ころうとしているのだ。今までと同じ働き方ではいられない。これからの時代を生きるための働き方は、生産性、つまり限られた時間の中で成果を出すことが求められている。このため「チームプレイ」や「システム化」が重要になっており、その中で生き残るスキルとして「主体性」「責任感」「素直さ」「不足を学ぶ姿勢」「ストレス耐性」が求められている。

起業家のように高い生産性で仕事をするために、次のような点を意識しておきたい。

①ビジョンを持つ：企業のビジョンと個人のビジョンとの接点をつくる。ビジョンの重なりをもち自律的に動く。
②覚悟を持つ：プロフェッショナルとして仕事をする覚悟をもつ。成果にこだわる。人に依存することなく遂行する。他者や環境を理由にしない。
③評価を意識する：自身がどれだけの価値を生むか、「投資家」からの評価を常に意識する。

目的を重視したシステム思考を身に付ける

生産性を高めるために、もう一つ重要なことがある。システムとして仕組みにすることである。能率と効率、効果を高めるには、それぞれ個別に手当てするというより、有機的に繋いだシステムとして全体像をつかみ、仕組みにして掛け算で効果を高めていく必要がある。

私が技術畑出身だったことも影響しているかもしれないが、無駄なことが嫌いで、何をするにも「これは仕組みにできないか」と考えてきた。個別最適化されている要素も、システムにしてみると全体最適となっていないものが次々と明らかになり、いくつも改善点が出てくる。どんなに特殊な作業に見えても、一度は仕組みにできないかと考えてみるといい。事業は、様々な部門が関わり合いながら進んでいく。自分のところでは今回限りの個別事項に思えても、他の部門ではそうではないかもしれない。全体最適思考、未来志向からものごとを捉え、他の人達とビジョンを共有していれば、自部門のプライドにこだわってアイデアを殺し合うこともないだろう。

効果の高い生産性を上げている企業は、組織の風通しが良く、常に新しい仕組みを追求しているのである。

4　時間の使い方から読み解く

人を使うということは、その人の時間を使っているということだ。

私はよく、「仕事で使う時間は命の時間だ」と言っている。自分が使った命の時間が、誰かの命の時間をよい時間に変える。就活で使った時間も、採用後の就労時間も、命の時間の貴重さからすれば、みな同じ重さなのだ。情熱を向けて人間性を高め、スキルを上げ、素晴らしい時間にして積み上げることで、人としての輝きも増していくだろう。

企業での働き方により、自分がどんな時間の使い方をしているかをイメージしていこう。

全体最適思考で社風をつかむ

企業には、その企業独特の雰囲気、「社風」がある。それは人の癖や性格、人柄に近いかもしれない。仕事をしている時間は長いから、社風が自分の費やす時間にふさわしいかは重要なポイントになるだろう。

しかし、初見でいくら居心地のよい雰囲気に思えても、たまたま着飾った愛想の良さだったかもしれないわけで、「入社してみたら優しそうに接してくれていた先輩がすでに辞めていて、異動で雰囲気が最悪な状態に変わっていた」という笑えない状態になる可能性もある。

社風を見るには、やはり全体像としてどんな価値観をもち、ビジョンを描き、具体的な行動に落としているかを確認するのがいちばん良いのである。

健全な組織であれば、人として正しいことは何かといった判断基準をもち、グランドデザインが「絵に描いた餅」にならない有言実行の組織環境をつくっているはずだ。

例えば、進和グループでは、最も土台になる風土には次のような項目が挙がる。

図2-8　社風の概念図

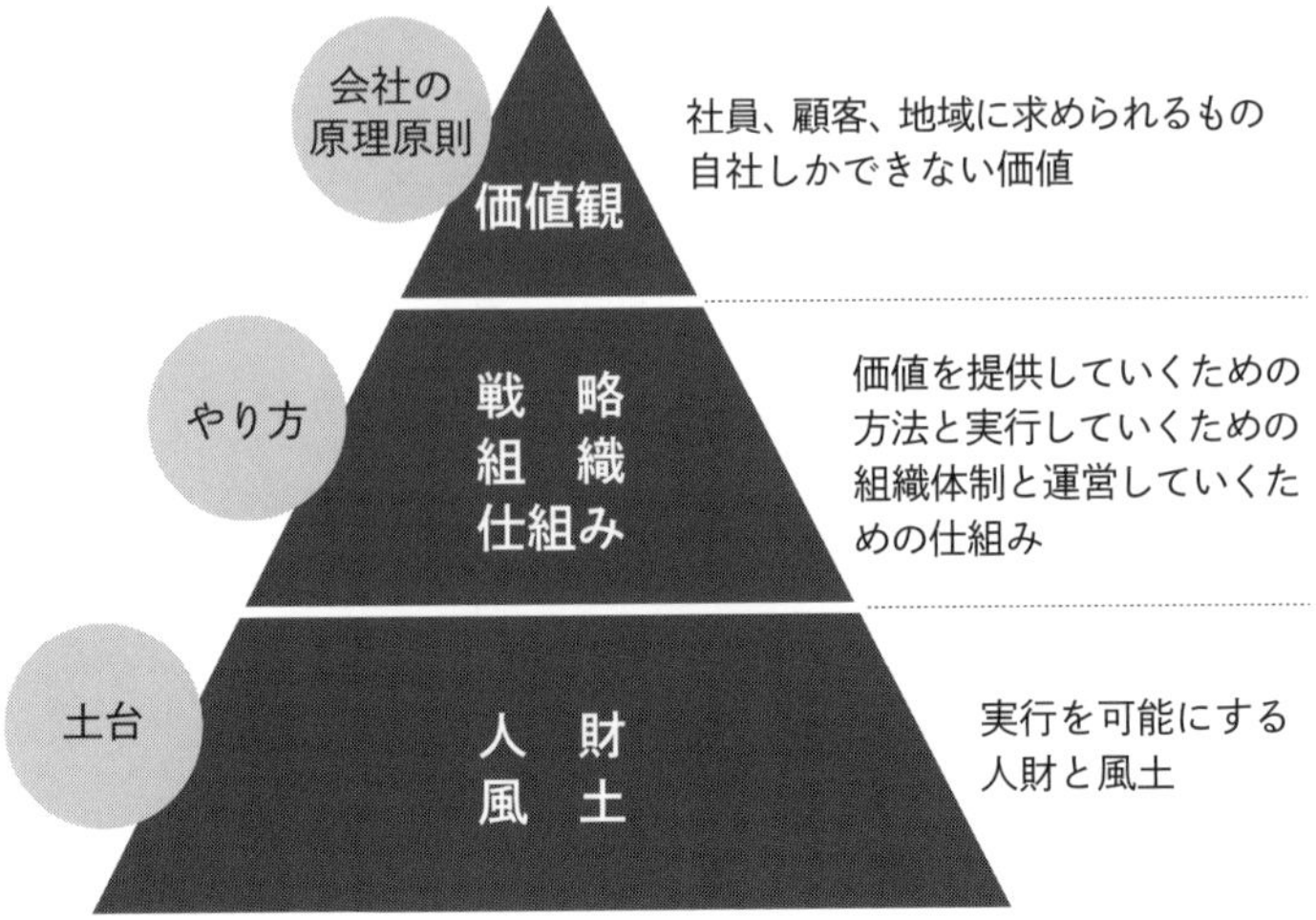

・風通しがよい、明るい雰囲気
・やりたいことに挑戦できる
・気軽に意見が言える
・自主的、前向きに行動する
・やりきる
・感謝の気持ちをもつ

これは、図の頂点にある価値観の共有、すなわち理念、ビジョンに共感し、同じ方向を見ているからこそ、会社や組織を好きになり、一緒に進もうという風土に繋がっているといえるだろう。そして、その状態を実行するため、次のような組織環境をめざしているのである。

・階層が少ない組織
・できない管理者が上に立てない組織
・お客様満足に、商品開発に、未来事業の開発に資源を重点的に配置する組織
・管理部門を最小の人事でこなす組織
・仕事の横の流れがスムーズな組織
・全社員が役割・目標に責任をもつ組織

組織としての風通しは重要である。理念から連なる価値観が社風として見えづらい組織は、就活中にいくら理念やビジョンに共感していても、入社してから理念に基づく経営を実感しづらくなる。その結果、自己中心的な経験を積んでしまうかもしれない。そのまま年数がたって、自己中心的な上司となり、後輩に悪影響を与えてしまうかもしれない。

人は関係性の中で生きている。長い年月をかけて築き上げられてきた風土は、簡単に変わるものではない。理念の共有から全体をつかんだ上で、具現化された組織の雰囲気をよくたしかめて就活に臨もう。

図2-9　社風をつかむ

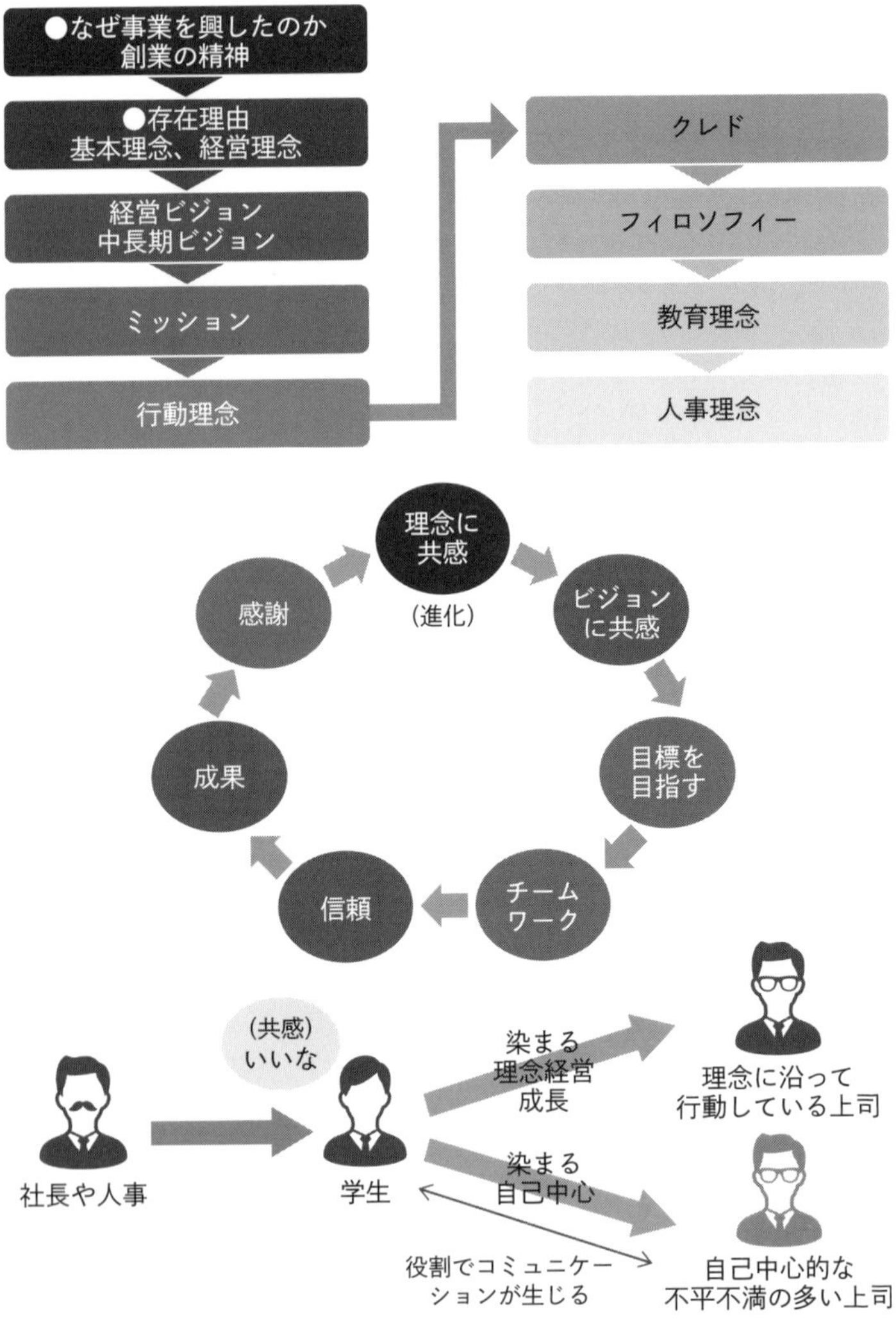
●なぜ事業を興したのか
創業の精神
●存在理由
基本理念、経営理念
経営ビジョン
中長期ビジョン
ミッション
行動理念
クレド
フィロソフィー
教育理念
人事理念
理念に
共感
（進化）
ビジョン
に共感
目標を
目指す
チーム
ワーク
信頼
成果
感謝
（共感）
いいな
社長や人事
学生
染まる
理念経営
成長
理念に沿って
行動している上司
染まる
自己中心
役割でコミュニケー
ションが生じる
自己中心的な
不平不満の多い上司

よく学び、よく稼ぎ、よく遊ぶ

理念を共有し、価値観の合う者同士であれば、無用なぶつかり合いは起きないし、意気投合して生産性の高い関係性をつくることができるだろう。多少の意見の違いがあっても、互いを認め合い、尊敬し合っていれば、自己主張を押し付け合うこともない。仲間同士で支え合い、協力し合い、高め合う姿を見ていると、理念を共有することの重要さを改めて実感する。

ただ、そうはいっても人間一人一人に性格があり、相性の善し悪しもある。ずっと仕事の生産性を高める時間で張り詰めた状態では息切れもしてくるだろう。

時間の使い方にはメリハリが必要なのだ。私はいつも、「よく学び、よく稼ぎ、よく遊べ」と声をかけ、社内コミュニケーションを様々な形でとれるよう、あの手この手を試している。

並列思考で時間を使おう

ここからは、個人としての時間の使い方について、いくつかヒントを出しておこう。脳の使い方には二つのタイプがあり、これが時間の消費に大きく関わっている。

ひとつは直列思考。この思考法の特徴は、一度に一つずつ、順に処理していくところにある。Aが終わったらB、Bが終わったらCというように数珠繋ぎで、前の処理が終わるまでは次の作業には着手しない。

もう一つは並列思考である。これは、いくつかの処理を同時並行で進める。AをしながらBも進め、Aが終わりそうになったら並行してCにも取りかかり、スライドさせる。

私は、仕事をするなら並列思考で取り組むようにと声をかけている。もちろん、作業の種類によっては直列でないとまずいものもあるかもしれない。そういう作業は一つのパッケージにして仕組み化し、全体像でつかむときは並列思考を用いるよう習慣づけている。

並列思考を実践すると様々なメリットが生まれる。まず、圧倒的に仕事の生産性が上がる。同時に二つ以上の仕事に取り組むわけだから当然だろう。

次に、仕事への切り替えが自由にできるようになり、脳のパフォーマンスも上がる。実は、脳の処理でいうと、厳密な意味での並行処理はしておらず、細かなパッケージに分けるようにして目まぐるしくタスクを切り替えて処理している。並列思考を駆使すると、脳の切り替え力が鍛えられ、アイドリングなしでトップギアに入るようなパフォーマンスが期待できるようになるのだ。

さらに、こまめに仕事を切り替えることにより脳内での刺激がコンスタントに続き、「飽き」がこなくなる。脳は、繰り返しの作業が増えると省エネ化を図りだし、タスクをショートカットしたり、脳のパフォーマンスを落としたりする。ひとつの処理に長時間さらされると「飽き」や眠気に繋がり、生産性を落とす原因にもなっている。複数の仕事を同時並行で進める並列思考は、実は脳にとっても有効なのである。

こうした並列思考を効果的に取り入れようとするなら、並行して行う仕事にバリエーションをもたせておくとよい。

仕事は、「緊急度」と「重要度」と「難易度」によってかけるべき時間の長さや順位が変わる。この三つの指標を常に意識し、やるべき仕事を必要な時間の予測と一緒にリストアップしておこう。メインでする仕事と、並行して頭の切り替えに使う仕事を組み合わせるイメージである。

並行させる仕事は、いわゆるスキマ時間でさっとできそうなメールチェックや伝票処理、次に控えたプロジェクトの下調べなどが向いている。並列思考で仕事時間を有効活用し、メリハリの利いたワークスタイルを作ろう。モデルがほしければ、先輩たちが自席でどんな時間の使い方をしているかを観察してみるといい。

5　入社1年目をイメージする

桃栗三年柿八年。こんな言い方をするとすっかり時代遅れかもしれないが、ある程度は成熟して実をつけるまでに時間はかかるものである。

私は、入社してから最低3年は様子を見るように伝えている。1年目は春夏秋冬を経験して社内を観察し、最大の力を発揮するポイントを見極めるため。2年目はやりたいことをやっていくための仕組みを実践で試すため。3年目になって初めて、他との関係性を保ちながら自律的に振る舞うことができるのだろうと考えている。

もちろん生死に関わるような深刻な状況に陥った場合は別だが、まずは3年、自律的な仕事をするために充実させてみてほしい。

「新入社員の役割」を理解しよう

初めて社会人になる場合、自由に時間を使い、自分で計画を立てて成果を上げて活躍する、華やかな人物像を描いているかもしれない。もちろん、めざしていく姿としてはそれが望ましいのだが、とはいえ入社直後から活躍ができるかというと、おそらくそうでない場面のほうが多いだろう。なにせ業務スキルはこれからのひよっこなのだ。単純作業ばかり任されることもあれば、納得のいかない方法で仕事を命じられることもあるだろう。

ここでお伝えしたいのは、新入社員には新入社員としての役割があるということだ。新入社員は入社1年目、つまり組織内でいちばん下の立場である。これから様々なルールや判断基準を学んでいく必要がある。だから、いきなり個別の案件に深く関わるより、全般的に理解しておくべき社内と社外（社会）の様子を広く浅く伝えようとすることが増えるのだ。

単純作業が回ってくるのにも意味がある。資料のコピーにしても、漫然とコピーしかとらなかったらコピー操作のスキルしか向上しないが、資料に書かれている内容を見て、それが社内の担当者レベルの説明用なのか、役員の会議で諮るものなのか、お客様へ提出する勝負どころのものなのかで、取り扱いはまったく異なる。コピー取りは、こうした状況判断を養い、相手に合わせた適切な行動をとることができるようになるトレーニングの場ともいえるのだ。

当然ながら、そんなに深い意味をもって後輩のＯＪＴのために指示を出している先輩ばかりではないだろう。単に嫌がらせをしている可能性もないとはいえない。だが、ここで「先輩からいじめられた」と認識してしまうとその後は何をされても意識が取れなくなってしまうだろう。

同じ評価をするのであれば、自分に対してポジティブなほうがいい。たとえ先輩は嫌味のつもりでも、受け取るほうが訓練だと思っておけばいい。ポジティブ思考で言葉の価値を変えてしまうのだ。こちらが学び取る姿勢を貫けば、相手の態度にも変化が出るだろう。思った反応が得られないとわかると、たいていは続けることをためらうものだ。

成長・発展を妨げる思考パターンにご注意を

前項でお伝えした自我にとらわれた人のように、頑張っているつもりでいつのまにか成長や発展を妨げてしまう思考パターンに陥ってしまっている場合がある。いくつかの例を挙げておくので、折に触れて確認し、思考法の健康診断をしておこう。

①ちゃんとやったつもり

視野が狭くなって目の前にある仕事しか見ていない。このため、仕事の全体像が見渡せておらず、指示された内容も部分的な理解にとどまっている。何のためにその指示がだされたのか、めざすべきゴールはどこで、効果的な結果を出すためにどんな方法が考えられるかといった視点が欠けてしまっている。

ある若手社員が、会議に出席していた先輩から、「この会議で使った資料をコピーして共有してほしい。ホワイトボードの分も忘れないように」と指示を出された。「わかりました！」とコピーをとって先輩のところへ持っていったが、厳しいフィードバックをもらってしまった。たしかにコピーはしていたのだが、会議中に広げて検討していた資料やホワイトボードのメモなどが混じっていたため、時系列はバラバラで、何の会議の資料なのかがまったくわからないまま手渡そうとしていたからだ。

先輩の厳しい言葉に対し、その若手社員は「えっ?でも、ちゃんとコピーは取ってきましたけど」と不満そうな顔つきだった。つまり彼は、言われたことだけは仕事したという気持ちだったのだ。この思考パターンからは、単純作業以上の仕事はできない。

②それは私の仕事ではない

周りで起きていることを「自分ごと化」できていない。このため、自分以外の人がする仕事からノウハウとなる情報や、教訓となるはずのミスなどを見逃してしまっている。

あるプロジェクトチームで、一人の社員がミスを出してしまった。かなり活発に動いているプロジェクトで、やりとりも頻繁に行っていたため、そのミスはすぐさま全体に共有された。だがチームメンバーだった他の社員が、同じ週のうちにまったく同じミスを繰り返してしまったのだ。その社員は、チーム内で同僚がミスを出したことには気づいていたのだが、自分の失敗ではないからと、あくまで他人事と考え、自分の作業を見直すことをしなかったのだ。彼にとっては、同僚の失敗は同僚のものだから、自分の失敗1回目とカウントしていたが、チームとしては週内で立て続けに発生したミスとなってしまったことから、かなり強い指導を受けたのだが、そこで「え、でも私は初めてのミスですよ?」と返したため、チームからはさらに期待値を下げられることになってしまった。

③とりあえず今が良ければ

今しか見えていないため、未来にどうなっているかのイメージがもてていない。このため、目先の目標をクリアすることに追われ、その行動が次にどのような影響を与えるかの予測ができていない。

ある営業担当が、今月の売上目標を達成できそうにないことに気づき、慌てて数字をかき集めようと、手当たり次第に顧客へ連絡をとった。思いつくままにサービスをつけてなんとか目標を達成したが、翌月に大きな受注の可能性があった顧客にも後先を考えず売りつけてしまったため、結果的に持続案件を失ってしまった。

仕事は、息長く利益を出し続けるために、自分だけでなく、チーム全体や課全体、部全体での目標を意識し、四半期、半期、全期といった単位でつかんでいかねばならないものだ。数字は日や週といった単位で細かく変動しやすく、一喜一憂しがちだが、そういう部署にいるならなおさら、部署単位や1年単位など、未来志向で全体最適をめざす思考を強くもっておく必要があるだろう。

以上、入社して数年の間に陥りがちな思考パターンをみてきた。少しでも当てはまる傾向があるなら、いまから思考の進め方を訓練しておくようにしよう。毎日少しずつでもイメージトレーニングを進めれば、いつのまにか全体思考も自然な形で展開できるようになるはずだ。

第3章

正しい自己の鍛え方

～心を整え、思考を強くする～

1　スタートダッシュを決めよう

前章まで就活に必要な心得と行動ノウハウについて見てきた。第3章では、就職後、実際に社会へ出てからイメージしておきたいポイントを紹介していこう。就職は決してゴールではない。社会人としてのスタートラインに立ったばかりだ。

職業人の評価に「コンピテンシー」という指標がある。高い業績を上げている人に特徴的な行動を類型化したものだ。「できる社員」の行動パターンともいえる。

コンピテンシーの氷山モデルでは、目に見えるものに「知識、技能、態度」があり、それらに影響を与える潜在的な「動機、価値観、行動特性、使命感」などがあるとする。そして、水面下の潜在的部分が圧倒的な大きさで顕在的部分を動かしているとしている。まさに、本書を通じて伝えている、グランドデザインで全体像をつかみ、具体的な行動を逆算思考で繰り出していく働き方そのものだといえよう。

就職してしばらくは専門的な知識や技能といった目に見えるものは経験不足で頼り

ないだろうが、その下に深く広がる動機や価値観といった人間性の部分はいつでも積み重ねていくことができる。本節では、氷山モデルでいう水面下の、心の保ち方について見ていくことにしよう。

やる気の保ち方

まず動機の保ち方から考えていこう。「やる気スイッチ」はどこにあるのだろうか。イギリスのことわざに、「馬を水辺に連れていくことはできても、飲ませることはできない」とあるように、どんなに意義ある行動でも、眼の前の機会をうまく生かそうという気になるかは本人次第だ。やる気が出る仕組みにしておかねばチャンスを逃してしまうだろう。

それこそ本人の問題だろうと一蹴されそうだが、実は人の行動には法則がある。気合ではなく仕組みで解決すべきものなのだ。

人が行動を起こそうとするとき、そこに働く動機づけには、出発点となる目標の置

図3-1　やる気の保ち方

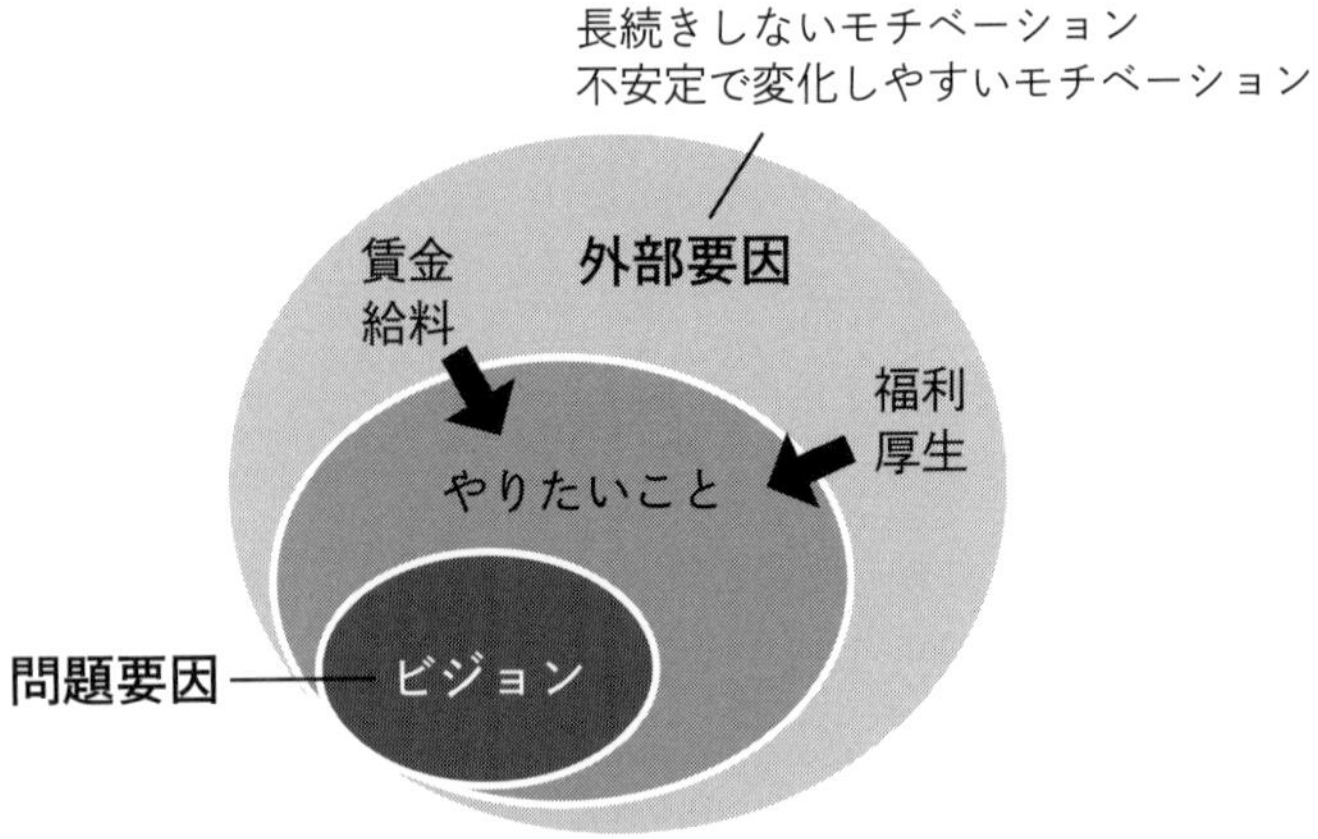

モチベーションの維持は本当にやりたいことの発見が一番
好き嫌いではなくビジョン・志の軸を持つことが大事

き方の違いにより「外発的動機づけ」と「内発的動機づけ」の二つの方向性がある。

外発的動機づけは、報酬を目標に行動する。カネやモノなど形になっているものの他、賞賛や報酬、承認など見えないものもある。また負の報酬つまり罰を避ける行動もここに入る。

対して、内発的動機づけは、直接的な見返りがなくとも行動そのものによる満足感や快楽、やりがいといったものを得ようと自分から動くものだ。

外発的動機づけの報酬だが、外から与えてもらおうと考えるといつまでも「くれくれ人間」から脱却できないだろう。自分で自分に声をかけることもできるのだ。毎日自分がうまく工夫してできたと思ったことを記録し、次にもっと工夫できるところがないかと考える。この振り返りを繰り返す中で、本当にめざしたいと考える「望ましい未来」の方向が重なっていくと、本質的な動機、つまり「志」の軸が見え、自分で目標を立てて動きたくなるはずだ。

目標の見つけ方

自分にぴったりと合った仕事が向こうからやってくることはない。自分から積極的に関わる中でやりがいのある仕事だと感じるようになっていくものだ。

では、やりがいのある仕事とはなんだろうか。前項で見てきた内発的動機づけと重なるのは志、ビジョンである。望ましい未来を描き、高みをめざす気持ちを強く感じられることだろう。

高みをめざす人間の心理状態を表す概念に「マズローの基本的欲求」がある。マズローの考える人間としてのあり方は、最優先されるべき基礎として生物学的要素から

図3-2　マズローの欲求

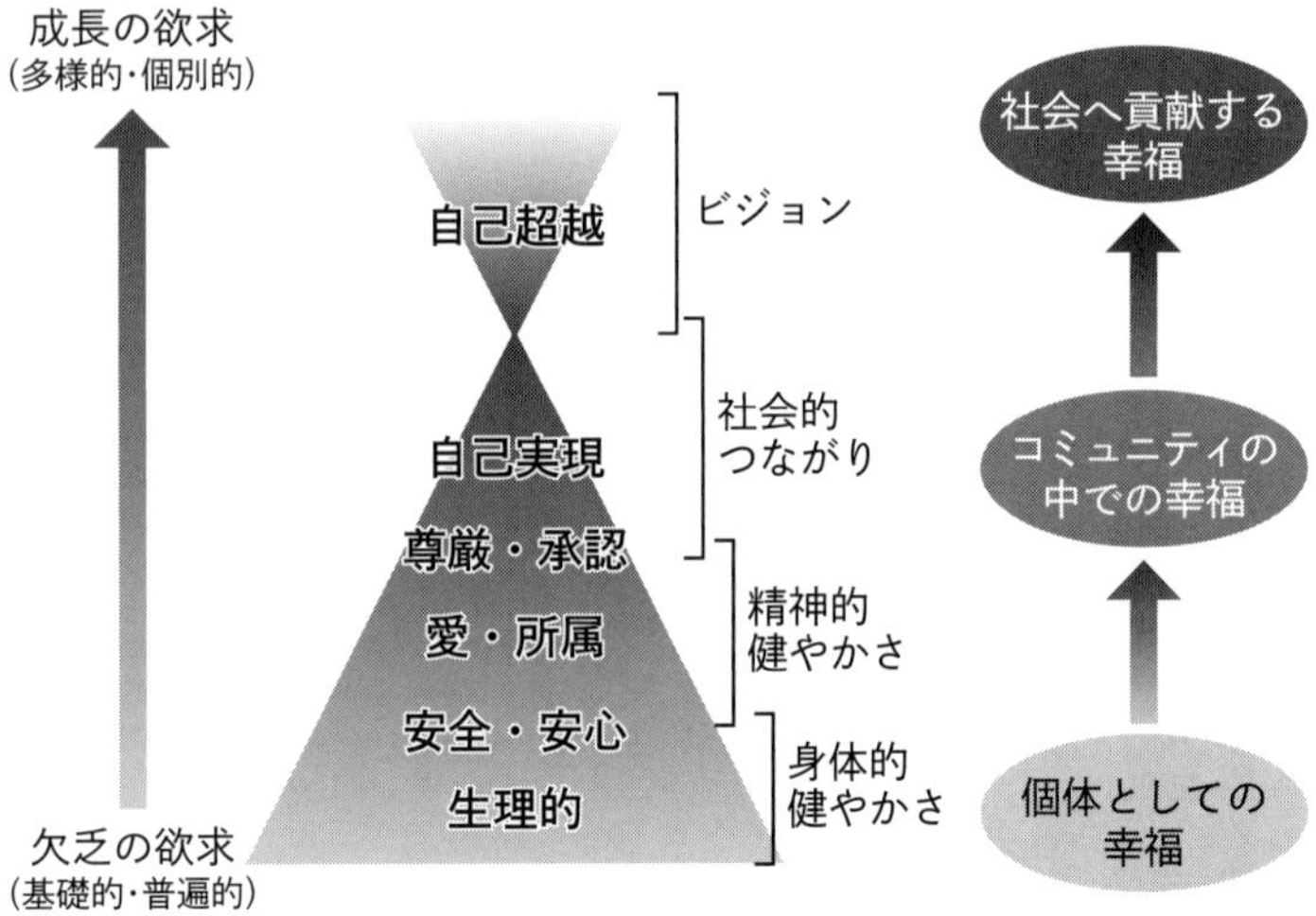

始まり、段階的に自己実現までの欲求を説く。

①生理的欲求：食、水、空気、睡眠などを確保し、生命を維持したい

②安全・安心の欲求：身の危険から解放され、感情的に安定したい

③愛・所属の欲求：家族や組織と繋がり、愛情を得、必要とされたい

④尊厳・承認の欲求：他者から認められ、自己評価を高めたい

⑤自己実現の欲求：自分自身の可能性をさらに発揮していきたい

実はマズローは晩年、⑤の自己実現のさらにその先に第6の段階があるこ

とを示している。「自己超越」である。自己超越は、「手段というより目的として、自分自身、重要な他者、人類全体、他の生物、自然、宇宙に対して行動し関わる、非常に高く最も全体的な、あるいは包括的な人間の意識のレベル」だという。先に示した志やビジョンそのものだといえるだろう。

思考の磨き方

勘が働くという言い方があるが、これはもって生まれたものではない。ただほんやりと思っているだけでは何もひらめかないのだ。「こうしたい」「こうありたい」という強い思いが潜在意識に入り込むまで考え続ける。熱意をもって考えていると、意識的にしろ、無意識にしろ、様々な情報が頭に流れ込んできていて、それらがある日突然繋がってアイデアとなり、すくい取ることができるのである。

私の例になるが、経営者として新卒採用を始めた時から「なんとかして良い学生に来てほしい」と熱望してきた。だが、就活のメディアやＷＥＢで会社の宣伝をするだけで待っていても学生には届かない。どうすればいいのかと昼も夜も考え続けた。学生が社会に出て働くとはどういうことか。学生は何を求めているのか。私の会社で学生を育て、社会に貢献するということは何の意味があるのか。効果的な採用の手段を考えるだけでなく、何のために新卒採用を望んでいるのか、会社にとって、社会にとって何がふさわしいのかと、軸としてきた志を振り返りながら、ひたすら考え続けた。そうする中、あるとき突然「就活志塾」という言葉が降ってきたのだった。

第1章の「熱意の高め方」のところで紹介したひらめきと同じで、勘やセンスは情報と思考と熱意の量ともいえるのだ。

この熱意だが、「望ましい未来」に向かったポジティブな熱量である「期待」が成功へ導いている。熱意をもって期待をかけつづけることにより、望む成果を引き出すわけである。

一つ注意したいのが、マイナスの期待も同様に思い続けるとその通りの悪い結果をもたらすという点である。「どうせできない」「無理に決まっている」という思いから離れずに考えを進めても、成功は望めないのだ。

このような心理的効果をうまく活用して自分で自分に期待し、考えを深め続けていくにはどうしたらよいか。正解があるわけではないが、私が日頃から実践している習慣を一部紹介しよう。

重要な本は同じものを購入する

重要だと思った箇所にマーカーでラインを引いたり付箋を貼ったりして読み返すことができるようにする。時間が経ってから読み返して新たな気づきを得たいときは、前にひいたマーカーの箇所に思考が引っ張られてしまうため、重要な本を見つけたときは複数冊を入手しておき、いつでも新しい本が読めるようにする。

毎日1冊ノートを使う

常にノートを持ち歩く。気づいたこと、ひらめいたこと、発想したことなどをメモする。いくつかのアイデアをまとめる。書いたページを繰り返し眺めているとまた新しい発見があるから、それも書き留める。とにかく手を動かし、言葉を外に出しておくのだ。一言しか置かないページもあるし、数ページ分を切り取ってポケットに入れ、何度も見て頭に入れ込むこともある。考える内容によってノートを使い分ける。こうして1日に1冊を使い切るくらい、アイデアを溢れさせるのだ。

人に話して思考を整理する

本の内容やセミナーで聴講した話、仕事や遊びで気づいたことなどを周囲に話す。受け取っただけの情報では頭の中に入ってもすぐ消えてしまうが、誰かに聞いてもらおうと言葉にして声に出すことにより、概念が整理され、頭に残りやすくなる。話を聞いてもらった人にも間接的な学びとなっているが、何より自分の中に大事なことが定着し、呼び出しやすくなるメリットが大きい。

アドバイスは必ず実践する

目上だろうと目下だろうと、「こうすると良い」と勧められたことは必ず試してみる。特に本などの情報は、勧められたらその場で検索して購入する。情報は出会いである。すぐに更新し、その通りかを再現してみることで経験になり、単なる知識以上の定着に繋がる。また、勧めてくれた人に対してその結果を報告し、リスペクトをもってフィードバックすると、相手との関係性もよりいっそう親密なものとなっていくだろう。

わからないことはすぐに調べる

意外と多いのが「後でじっくりと調べよう」として忘れてしまう機会の損失だ。鉄は熱いうちに打て、である。興味関心があるときに学ぶのが、最も効果が高く、脳内に定着しやすい。

以上、簡単だが、今からでも習慣にしていくと良い心の持ち方について述べた。もうすでにお気づきかと思うが、本節で解説したことは、言ってみれば当たり前のことであり、それにもっともらしい名前をつけているに過ぎないかもしれない。だが、この「名付け」という行為が重要なのだ。名前をつけることにより、対象物の輪郭がクリアになる。定義を多角的に眺めてみることで、対象物に関連する要素を俯瞰《ふかん》できる。

世の中にはこのような、ある現象に対する名前をつけることで概念を深めているものが溢れている。いわゆる「フレームワーク」と呼ばれるものである。本書でもいくつかを紹介しつつ解説している。

フレームワークは、その内容の整合性や再現性などを取り上げて議論しがちだが、真に重要なのは、名前をつけたことによってどのような観点から輪郭がついたのかの本質を読み取ることである。今後、ビジネスでは様々なフレームを駆使して思考を磨いてくことになる。単なる知識としてフレームワークを覚えるのでなく、自分なりの軸でそのフレームを捉え、自分だけの思考法を編み出していってほしい。

2 自己研鑽のための五つのステップ

「できる社員」となるためのコンピテンシーとして、前節では、水面下の力を強くする「やる気の保ち方」「目標の見つけ方」「思考の磨き方」のコツをお伝えした。ここからは、前節の力を海面上の目に見える力へと変えていくために必要な行動を見ていこう。ビジョンを描き、目標に向かって高みをめざす際に鍛えておきたい五つの力である。

目的を実体化する力を鍛える

全体像をつかんで目的を明確にし、望ましい未来を自分ごととして描き、向かうべき方角を確定し、そこに至る道を逆算で最適化し、到達目標を置く。第1章でこのような話をした。

とはいえ、目標は方向性さえぶれなければ何でもいいわけではない。自分が達成できる範囲で、しかも達成したいと熱望できるほど「自分ごと化」したものでなければただの夢になってしまう。憧れで終わるような希望や願望ではなく、未来の自分がリアルにイメージできる熱量がいる。

スポーツ選手のイメージトレーニングや囲碁将棋の棋士の「読み」を想像するとよい。目標までの道のりは必ず今の自分と地続きであり、そのシミュレーションにはなんとしてでも勝ちたいという熱量がある。だから、定める目標も、目標までの行動も、今の自分を最大限に高めたリアルなものを想定できるのだ。外から魔法の力が働かない限り実現しない異世界レベルの妄想は、目標設定とは呼べない。

では、どうやったらそのような「高みをめざし」かつ「地に足の着いた」目標を定めることができるのだろうか。実は、ここでも脳を騙した「習慣化」の仕組みが重要になる。

思考パターンは、その名の通り「型」をつくった思考の仕組みである。なぜパターン化するかというと、そのほうが脳にとって省力化を図ることができ、都合がいいからだ。数学の因数分解を考えてみてほしい。だらだらと並んだ数式を前から順に解いていくと効率も悪い上に計算間違いも引き起こしやすいが、法則を見つけて共通項を括っていくと数式もすっきりして間違えないし、計算も瞬時に終わる。脳内では常に、何らかの法則がないかと情報を探し回ってショートカットしようとしているのだ。

このパターン化で参照するのは、普段のルーティンで使いこなせているものが基準になる。使い慣れないものは法則に当てはめる方がエネルギーを消費するからだ。したがって、高い目標を定めて実体化するには、いかに高度な法則を習慣化しておくかが肝となる。とはいえ、いきなりハードルを上げても挫折するだけだろう。簡単にできる習慣化から、徐々に高度なものへと上げていく必要があるのだ。

方向性を意識した習慣化は、脳になじむと知覚の水準が上がり、価値観のレベルが変わる。自己肯定感も上がるだろう。繰り返せば、基準となるレベルが上がった状態で次の習慣化が行われ、ベースアップしていく。毎日続けることで、海面上に出ている知識や経験といった目に見える部分の力が大きく成長していくわけである。

だから、初めにとりかかるのはごく小さな行動で良い。体の動きがあって実感を伴うものがお勧めだ。以下に2点、その例を紹介しよう。

早起きの習慣をつける

例えば私は、「騙されたと思って早起きを習慣化してみろ」と声をかけている。単純な理由としては、脳の特性上、目覚めてからの数時間が最も快適に脳内活動が行えるため、午前中に集中する仕事をしやすいからというものだが、毎日早起きをしようとしたら規則正しいリズムで生活する必要があり、自己管理ができるという副次効果もあって自己肯定感が高まりやすく、習慣化のメリットをしっかりと実感できるため、一石二鳥にも三鳥にもなる習慣だからだ。もちろん、どんな習慣も相性が合わない人はいるが、文字通り脳を騙してみるつもりで、一度は挑戦してみてほしい。

眠る前の習慣をつける

もう一つ、試してみてほしい習慣化がある。今度は眠るときの習慣だ。世の中にはスマホやタブレットをいじるなとか、温かい飲み物がいいとか、落ち着く香りだとか、いろいろと体に良いことを推奨する向きもあるが、私は脳内によい一つの習慣をお勧めしたい。それは、脳内に「プラスの状態」をつくってから寝ることである。

仕事で嫌な状態があると、つい考えを堂々巡りさせて気持ちを引きずったまま家に帰ってしまう。眠ったら忘れるだろうと、酒でごまかして眠りにつくことも多いだろう。しかし、このようなマイナスの状態では質の良い睡眠とはならず、眠りが浅くなり、脳も体も疲れがとれないまま翌朝を迎えてしまう。結果的には嫌な気持ちを忘れることができず、翌日からのパフォーマンスにも悪影響を及ぼすのだ。

無意識レベルまで深く気持ちを切り替えるためには、寝る前にプラスの思考に言語化しておく必要がある。多少強引でもいいので、嫌だと感じた状況の中から良い部分を探すのだ。ある人は解釈のフレームを切り替える魔法の言葉として「それは、ちょうどいい」と、わざと声に出して自分の耳に聞かせている。電車に乗り遅れた。それは、ちょうどいい。次の電車を待つまで缶コーヒーでブレイクする時間が取れた。今度からはこうやってブレイクできるくらいに早めに出発するとしよう。先輩に資料づくりでダメ出しされた。それは、ちょうどいい。何となくやっていた調査のチェックポイントがはっきりした。次からはその部分を重点的に調査しよう。このように、反省点はプラスの言葉に置き換えてから眠るのだ。そうすると、脳が最後に聞いた言葉に騙されて、プラスの習慣として取り込んでいく。目覚めたときにはプラスの実践モードでなじんでいるはずだ。

ついでに、眠る前には、プラスの言葉と合わせて感謝の言葉もつけておくとよい。温かく心地よい言葉をかけて眠ると、温かい飲み物をとったのと同じくらい幸せな気分に満ち、さらに安らかな睡眠をとることができるだろう。

問いの力を高める

世の中には成長に繋がる学びの材料が溢れている。学びと聞くと、テキストや教科書を使った勉強やセミナー受講から何かを覚えることを連想するかもしれないが、身の回りに起こるすべてのことから実は学びを得られる。

学ぶコツはできごとを「自分ごと化」し、自分自身の問題とするよう脳内を騙すことだ。

私はよく「学びの上で最も大切にしていることはなんでしょうか」と聞かれる。なかなかひとつに絞るのは難しいが、敢えてひとつだけ選ぶとしたら「自分ごと化することだと答えるだろう。そのくらい、意識の持って行き方で成果が大きく変わるのだ。

この「自分ごと化」は、それが自分のことを言っていると気づくことに他ならない。

私は、抽象的な概念をわかりやすく伝えるためによく例えを用いるが、人によってはその話が例えと気づかず、話の中身に意識が向いてしまう。

いつだったか、「お客様へ気配りができないと心が離れていってしまうよ。彼女にだったら、どう喜んでくれるか、どんな伝え方をすればわかってもらえるかと、考えてプレゼントするだろう?」と諭したところ、真顔で「自分には彼女がいませんから」と回答されてしまい、その後の話が途切れてしまったことがある。

「彼女」はあくまで象徴として扱った言葉だ。いったん抽象度を上げて「ここでいう彼女とは、最も大切にしたい人という意味だな」と理解した上で、「自分にとってはそんな人って誰だろう。両親だろうか、親友だろうか」と自分の場合に置き換え、最も感情が近く腑に落ちる対象を探す。こうした解釈が「自分ごと化」へ繋がる気づきを呼ぶのだ。

では、どうやったら「自分ごと」として気づきを得られるのだろう。

他人ごとのレベルでの気づきは、基本的に言語表現としての理解にとどまる。単に認識した現象、あるいは論理的に抽象度の高い状態で解釈した段階だ。これが自分ごとになっていくと、感情のレベルで納得できるようになる。そして、その状態に共感し、自分も行動しようとするレベルが、真の「自分ごと化」だといえよう。成長・発展のスピードが速い人は、この気付きのレベルが高い。つまり共感力に優れているのだ。情動のレベルで共鳴しているから、感動の熱量で実践へと向かう。このため情報の定着もポジティブになり、新しいアイデアへ繋がる思考として好循環が生まれていく。

このように、与えられた学びを自分ごとにしていくためには、その話を適切に読み取る読解力と、解釈に共鳴する共感力が欠かせないことがわかる。

この二つの力を高めるために重要となるのが「問いの力」である。

問いというのは、ある事象を丁寧に理解するため話を広げ、本質をつかむために深める観点をいう。単なる状況の描写を詳しくするのではない。その言葉が何を意味しているのか、そこから何を読み解けばいいのかを引き出し、私なら／私たちならどうするかといった観点で俯瞰するのが、問いの力の要諦である。

私は様々な場面でインタビューを受けるが、良い質問を投げかけてくれるインタビュアーに当たると、自分の考えが研ぎ澄まされ、問いを深く考えることで新たなインスピレーションをもらえることが多々ある。問いとは、観点の切り口だ。これまでに考えたこともなかった切り方で問われると、何度も話し慣れた記憶がまったく異なった光景となって立ち上ってくる。単に昔話をしているのでなく、深い内省の時間になるのである。

ではどうやったら深い質問が出せるのかというと、これについては、様々な経験から感情のレベルまで共感した話や、これまで自分に向けられた問いの中から発見の多かったものなど、生きていく中で引き出しの数を増やすしかない。

まずは素直に、5W1Hを使って、事実関係を整理してみよう。その上で、事実の裏に隠された別の事実が眠っていないかを確かめる。一方的な視点からだと偏った事実しか見えていないかもしれないからだ。そして、その事象に関わったすべての人の反応やあらゆる方角への影響を、五感をフル活用して想像する。イメージがつきづらいところが問いにするポイントだ。問いは思いつくままに大量に立ててみよう。質問の粒度も気にしなくていい。とにかく疑問形にして、自分自身へ呼びかけてみるのだ。そうすると自然とその問いに答えようとし始めるはずだ。問いの意図を考え始め、漠然とした考えを言葉で明瞭にし始める。自分で自分にインタビューするわけだ。

振り返りと対話でレベルアップする

「振り返り」とは、自分または自分たちの行動や状態を客観的に顧みる行為である。内省と似た言葉に反省があるが、反省は、主に失敗に対して原因を分析し、問題解決を図ろうとすることを目的とする。対して内省は、良い面も悪い面も含めて見つめ直し、新たな気づきを得ようとする未来志向の思考術である。

未来志向で考えるものだから、当然逆算思考である。事実やそれに伴って起きたことは現在の自分から過去をふりかえった事象として整理する。そのうえで、その事象を踏まえたこれからの行動を考える。この段階を未来志向で深めるのだ。あるべき姿をイメージしつつ、その「望ましい未来」に向かって考えた場合、その事象はどんな意味をもっているかを解釈し、これから自分にできることは何かと、逆算で考えていくわけである。

このように、目的に向かって未来の姿から内省を重ね、逆算でステップを踏んでいくことにより、ぶれずに成長していくことができるのだ。

そして、未来志向であることと同じくらい内省で重要となるのが、対話である。言葉にし、声に出して問いかけることにより、その問いに真摯に答えようという気持ちに熱量が加わるのだ。だから振り返りは、できるだけ他者を入れて対話で行ってほしい。相手がいると、責め立てるように聞こえる質問は気持ちが萎縮してしまうから、どうやったら未来志向で前向きな答えが出せそうかと、心理的安全性にも配慮し、質問内容も真剣に考えるようになるだろう。互いを尊敬する丁寧な対話を通じ、人間的にもわかりあえ、共感できて関係性も深まるはずだ。

ぜひ、良質な対話で、振り返る機会を習慣にしてほしい。

リーダーの資質をもつ

ここまで見てきた「気づき」は、解釈と共感からくるものであり、教わって理解するものではなく、感性の部分がかなり重要となってくる。つまり、「気づく力」と同時に、「感じる力」もまた、鍛えていかねばならないのだ。これらは、「教える／教わる」の関係からは育たない。

職場では、部下を指導するときに「教える」アプローチばかりするリーダーがいる。もちろん技術的な指導が必要な場合もあるが、教えるという態度だけでは気づきを促すことはできない。

社員は上司を選べない。だから、このようなリーダーに当たってしまったら、自分で気づくための訓練を増やすしかないだろう。つまり、「教わろう」と考えないことだ。そのリーダーが何を言いたいのか、どうしてほしいのかを推測した上で、なぜそんなことが言いたいのか、さらにその上位の目的を考え、全体像をつかもう。そうすると、教えようとするリーダーの気持ちに共感し、「自分がリーダーだったら、きっとこう考えているだろうな」と、自分ごととしてとらえて行動できるようになる。決してリーダーの質が悪いから「自分ならこうする」と反発しているわけではない。共感するからこそ、自分がリーダーになった気持ちで動くのである。

このように、「気づき」の機会はどこにでもあり、上下なく、すべての人に与えられている。互いに学び合う「相互メンター」となって、振り返りと対話を重ねよう。その姿勢こそが、真のリーダーであり、チームづくりなのだ。

入社したての頃はリーダーシップなど無縁の世界に思えるかもしれないが、チームの関係性は常に変化していくし、仕事に対する責任が重要なのは、会社の看板を背負った以上、どんな立場の社員でも同じである。

いつでもリーダーになってビジョンを体現できるよう、「自分がリーダーならこうしよう」という気づきをもつ習慣を身につけておこう。

人脈は人生の品質

ビジネスの世界は、人との繋がり、すなわち「人脈」が最大の価値をもつ。ここでいう人脈は特別な能力をもった人や特別な立場にいる人とのコネクションを指すのではない。自分の周囲にいる一般的な人たちとの繋がりだと思ってほしい。

とはいえ、交流が多ければいいというものでもない。時折、「ＳＮＳで千人以上のフォロワーがいるので人脈の広さが長所です」という人がいるが、フォロー程度では繋がりとはいわない。ビジネス界でいえば、展示会でふらりと立ち寄ったブースで担当者と名刺交換した程度の繋がりだ。若干の関心はもったからいい情報があるなら繋がりを続けても良いが、うるさく絡まれたりしたらすぐに切り捨てるし、有益な情報が来なかったらそのうち消してしまうだろう。

人生の質は、人間関係の「質」と「量」の掛け算だ。どちらか一方がゼロだと、いつまでもゼロのままなのだ。学生までの関係は、その場が楽しかったり居心地が良かったりするから繋がっているものや、フォローされたので付き合い上フォローバックした関係も多い。ビジネス的に、そうした繋がりの質をゼロとみなしたとき、手元にはどのくらいの繋がりが残っているだろうか。

ビジネスは、利益を上げる活動である。ビジネス上の繋がりを強くするには、なんらかの得となる要素が必要だ。人脈はすなわち生産性である。自分にとって、最も生産性が高く価値ある人生にするには、自分にとって得となる多様な人との繋がりをより多く築くことだろう。

これは、他者にとっても同様のことがいえる。つまり、誰しもが自分にとって得となる関係性を広げたいのである。人間関係の質・量を高めたければ、まず自分が周りにとって有益な人間となること、「与えることで得る」という状態をつくれば良い。

常に相手の気持ちになり、相手の立場や存在を尊重して、「今この人が欲しているのは何だろう」「それは、本当に必要なものだろうか」「何をすれば喜んでもらえるだろう」「どんなものなら価値を認めてくれるだろう」と考えを巡らせながら良い関係性を築こうとすれば、相手もまたその気持を感じ取り、リスペクトして接してくれるはずだ。

入社して名刺をもらえば、人と会うビジネスの機会は一気に増える。その場限りの心地よさでなく、互いの立場を尊重し、共有した時間を有益なものとするための関係を真摯に築こうとしていけば、良質な人脈が増え、人間性が格段に上がっていくだろう。

人としての魅力が増し信頼されるようになって人脈が増えると、「人望がある」といわれるようになる。いい意味で「人たらし」になるわけだ。大多数の人は、効率化を上げるスキルを身に着けて仕事ができる人間になろうとする。だが、ほんとうに重要なのは、魅力を上げるためのスキルである。スキルは、魅力ある人間になるため――「人望ある人たらし」になる資質を身につけるため――に極めるべきものなのである。

3　様々な学び方を身に付けよう

前節まで、「できる社員」となるためのコツとして、コンピテンシーの概念でいう「水面下の力」について、鍛えたい観点や鍛え方のヒントをお伝えした。ここからは、水面上にある知識や技術、態度といった具体的な力を高めるための学び方を見ていくことにしよう。

とはいえ、具体的な内容は業界によって異なる。個別の技術的なものについては実際の入社後の研修でしっかりと全体像をつかんでいってほしい。ここでは、社会人であれば誰しももつべき学び方をお伝えする。

成果は学びから生まれる

ところで、君は何のために学ぶのか。

こう問うと、おそらく面談であれば、誰もがこう答えるだろう。誰かの支えになるように。世の中の役に立つように。模範解答である。間違ってはいない。学びは、資格を取って手当を上げるためでもなく、基本給を上げるためでもない。

それでも、敢えて言うならば、学びは自分のためである。自分の人間性を上げ、周りの人々に良い影響を与える「頼られる人」になるから、最終的に社会に貢献する人間となれるのである。

自分が何者であるかは、他者からの評価で形成されていく。しかし、その軸はあくまで自分自身である。学ぶとは「自分磨き」だ。徹底的に自分を磨き上げ、自分の価値を大切にするからこそ、他者のため、社会のために生きる人間になっていけるのだ。

職場という環境の中で、自分の喜びのためにスキルとマインドを鍛えよう。志を高くもち、学びを通じて人間としての魅力を高めよう。学びは喜びを生み、喜びは共感を呼ぶ。周囲と喜びを分かちあうことで、自分も他者も幸せになる。

私自身が多くの学びの機会に飛び込み積極的に時間を費やしたことで、実態のある成果を出してきた。学びは自分自身への投資なのだ。

学びによりアップデートする

ここからは学び方についてみていこう。学びといっても様々な形がある。仕事を経験しながらの学び（ＯＪＴ）以外に、書籍、論文、専門誌、新聞などからの学び。オンラインによるｅラーニング。講座、研修、ワークショップ。大会やシンポジウム。机上トレーニング、実地での実践訓練。挙げればきりがないほど、学びのバリエーションは多い。

こうした学びの場は、情報を得たときが受け時である。よほどのことがない限りチャンスがあったら生かしていこう。あくまで自分の人間性を高めるための投資である。姑息に資格習得などは考えず、今自分に必要と感じた勉強を積み重ねていけばいい。

そして、学びの機会を得たら、必ず自分の中をアップデートしよう。

わからないことに不安を感じたときは、学びを深めるチャンスだ。不足していると思ったところを集中的に勉強してみよう。乾いた大地に雨水が染み込むように、ぐんぐん吸収していけるはずだ。

なお、学びの場は、できる限り五感を活用した幅広い体験であることが望ましい。人の記憶は、視覚と聴覚以外の感覚（嗅覚、味覚、触覚）とともにある情報の方がより強力に焼き付くといわれている。

「わかったつもり」は学びの最大の敵

どんなに焦っていても「わかったふり」はしてはいけない。また、簡単に「それくらいならわかっている」と思ってもいけない。わかったつもりになった瞬間、思考が停止してしまうからだ。

大切なのは、自分はまだものごとをわかっていないという前提で、「わからない」という状態を素直に受け入れることである。現状を客観的に受け止めることで、脳内への吸収率が格段に上がる。もちろん、わからないというのは人間力が不足しているとの評価に直結するという記憶が客観的な反応を邪魔するだろう。「こんなものもわからないのか」「君は何もわかっていない」というフィードバックを受けたとき、どの内容が認識不足だったかというよりも、配慮が不足し人格に問題があるかのように非難された感じがして、感情的に立ち直れなくなる人は多い。それでも、いったんはその感情ごと受け止めたら後は冷静に、具体的な認識不足だったところを確認し、次からは対処できるように整理しておけばいいわけだ。感情が強いものは記憶にも残りやすい。今後の良い糧となるだろう。

安易な「わかったつもり」や、一時的な負の感情に抵抗した「わかったふり」はなくしていこう。わからないことをあるがままに受け止め、学びを更新したら、前向きに活用していけばいいのである。

「知る」の満足で止まらない

もうひとつ注意しておきたいのが、「知る」で満足しないということだ。もう一段階定着の度合いを高めなければ、呼び出すまでに消滅してしまうかもしれない。

記憶の状態には濃淡がある。講演を聞いてくださった方から「今日はとてもいい話を聞いた。明日から変われる気がする」というコメントをいただくことがある。だが、おそらく何もしなければ翌日には記憶がぼんやりしてしまい、1週間もすればすっかり思い出せなくなっているだろう。単に「知った」というだけでは身につかないのだ。

記憶として定着させるには、気づいたり知ったりしたことを、自分なりの形で振り返り、情報を強化する必要がある。例えばメモをとり、そのメモを見返しながら、学びとなったポイントを自分の言葉で書き出してみる。メモから考えついたたアイデアに名前をつけてみる。やってみたいと思ったことを実際にやってみる。これらに共通するのは「自分ごと化」である。他人の情報は知っただけだと他人ごとだが、自分なりの言葉にして自分で再現してみたら自分ごととして「わかる」状態になる。

ところで、この「わかる」の中にもレベルがある。「自分ごと化」の中に、しっかりと腑に落ちて理解できたとする状態と、そこからさらに進んで、全体像を捉えて俯瞰し、その事象の意味するところや世界観、この後の見通しまでを一瞬で理解する状態である。悟りのような状態といえばよいだろうか。後者の段階に行くには相当な学びを深めて人間性を高めていく必要があるが、どんな人間でも学びの歩みを止めさえしなければ、いつかはたどり着けるだろう。

失敗体験をチャンスにする

これはぜひ覚えていてほしいことだが、失敗は最大のチャンスである。

失敗や、悲しい、辛い、厳しい、恥ずかしいといった体験は、ネガティブな感情を伴うため、できれば思い出したくないだろう。好きこのんでこの感情と付き合いたい人はいまい。失敗なんて早く忘れて次に行くのがポジティブな対応だという気さえしてくるはずだ。

「たしかに自分の詰めも甘かった。怒られても仕方がないだろう。自分が悪かったと自覚したことだし、時間を巻き戻すこともできない。事実は事実として横において、次に頑張ればいい」

しかし、このような考え方でとどまる人は、おそらく同じ失敗を繰り返してしまうだろう。もしかすると、すでに何度か、気づかずに同じような失敗を繰り返しているかもしれない。

失敗の体験を前向きに捉えるということは、事実とも感情とも正しく向き合うということである。辛くても、失敗に対して抱いた負の感情を、できるだけ強い気持ちのままで反芻《すう》してほしい。もう二度としたくないという「底を打った」感情が重要なのだ。

中途半端な受け止め方は他人ごとの感覚を生み、せっかくのアップデートのチャンスを失ってしまう。「失敗はチャンス」と心得て、積極的に自分の心をのぞいてみることをおすすめする。

学びを成果に変える

学びに関する最後の話は、具体的なアウトプットをしていく上でのコツとして、「図的思考」をみていこう。

図的思考とは、思い浮かんだことや考えを図やパターンに落とし込んで整理し、より理解を深めるという思考法である。「図解」と呼ぶこともある。

言葉は、直列的な文章で捉えて順に理解を進めた場合、最後まで読み切らないと全体像を正確に把握することができない。1行ずつ読み進める直列的な理解は、例えば小説のように、思考の速度と読解の速度が一致していると、情景が詳細に浮かび上がってくるメリットがあるのだが、一方で結論がどこにあるのかはどの行まで読んだかによって理解が異なってしまう。

この点、図は面で要素を配置し、ひと目で俯瞰できる。並列的な理解が進み、要素同士の関係性に新たな繋がりを発見することもある。

図的思考は、具体的には次のようなステップで進めてみるとよい。

ステップ1

何について考えたいのかというテーマを自分の中で明確にする。明確にした内容は、必ずノートやメモに記録する。

例）会社運営の全体像／今期の受注計画／新規事業のビジネスモデルなど

ステップ2

そのテーマについて考える際に必要とされる概念や考え、前提などをキーワードにして整理する。

例）会社運営の全体像を主題にした場合：受注／人材育成／ブランド／新技術／新

工法／コストダウン／企業文化

ステップ3

整理したキーワードの意味や関係性を考え、線で結び、適切な構造を考え、配置する。一見関係のないように見える要素同士も、いったん線で結んでみる。

ステップ4

線を結んだ要素同士の意味や関係性を考え、気づいたことや感じたことをメモする。合わせて、要素の重要度についても個別に考え、どの仕事や課題から取り組むと効果的かも考える。

4 一流をモデルに、最高のイメージをつかむ

前節で、学びについて見てきた。学ぶとは、「真似る」の意の「まねぶ」からきているというのは聞いたことがある人も多いのではないか。そして、ここにも学びについてのヒントがある。つまり、モデルを真似ながら本質をつかんでいくことも、重要な学びのスタイルなのだ。

このときモデルになるのは最上の人物がいい。ほんものを真似ることで、真理に近づく。

では、ここでいう「ほんもの」とはどういう人を指すのだろうか。いわゆる「プロ」と呼ばれる人？　しっかりとお金を稼いでいる人？　結果を出している人？　新しい境地を創りだす人？　経験量の大きい人？　失敗からV字回復した人？　…何を「最上」と考えるかは、自分の描くビジョンにいちばん共鳴するものが何かを考えてみてほしい。それが、今の自分にとっての一流である。

一流のモデルから事業観をつかむ

第1章の「外に出て、人と出会おう」の項で、人との出会い、特に一流の人と会うことが重要だとお伝えした。私はよく、「三流の人は自覚がなく、二流の人は覚悟がない。一流になると、自覚と覚悟とをもちあわせ、さらには常に成長しようとしている」という話をする。ここからわかるのは、一流の人は自分だけの世界観を確立し、それに責任をもっているということである。ビジネス界でいえば事業観だ。観点もふるまいも真似る価値がある。

一流のモデルを見つけたら「意識」「機能」「行動」の三つの要素を意識しながら、舞台に立つ人の発声やダンスの姿勢、ステップを真似て上達するように、徹底して良いと感じたところを真似ていこう。苦もなく体が動くようになってきた頃には、考え方にも余裕が出て、ステージが上がっているはずだ。

私は常々、「起業家のように働いてほしい」と思っている。起業家には事業観がある。事業観をもつ起業家たる人は、およそ次の要素の力をもった人といえよう。

・変革する力：目標を高く持ち、常識にとらわれることなく、失敗を恐れず行動する

図3-3　業界No.1の人材になるために

確かな明日とするために

自らが「業界№1の人材とその待遇」となるために
まず№1の人材に育つ努力をしよう

1．意識改革

(1) 計画数値は必ず達成するために一人ひとりが危機感を持って仕事に取り組もう
(2) 仕事は面白く楽しくするために本来のセルフマネジメントを実践しよう
(3) 自らの行動に自覚と責任を持つために常にプラス発想を心がけよう

2．機能向上

(1) 確実に業務を遂行するために「報告せよ」「連絡せよ」「相談せよ」を繰り返し徹底させよう
(2) 1人2役、3役をこなすために自らの業務範囲をランクUPし拡大させよう
(3) 時短の推進を図るために優先順位を考えて行動する。効率効果を考えて結果を出す

3．行動改革

(1) 自らを成長させるためにランクUPノートの活用で良い習慣（回路）づくりをし、段取り良く仕事を進めよう
(2) 目標を明確にするために数値で示し攻めの行動をしよう
(3) 目標を必達するために上司は業務指示をし、チェックし、アドバイスしよう

目標管理の実務を通じて№1の人材へと成長しよう

図3-4　事業観をもつ人の力

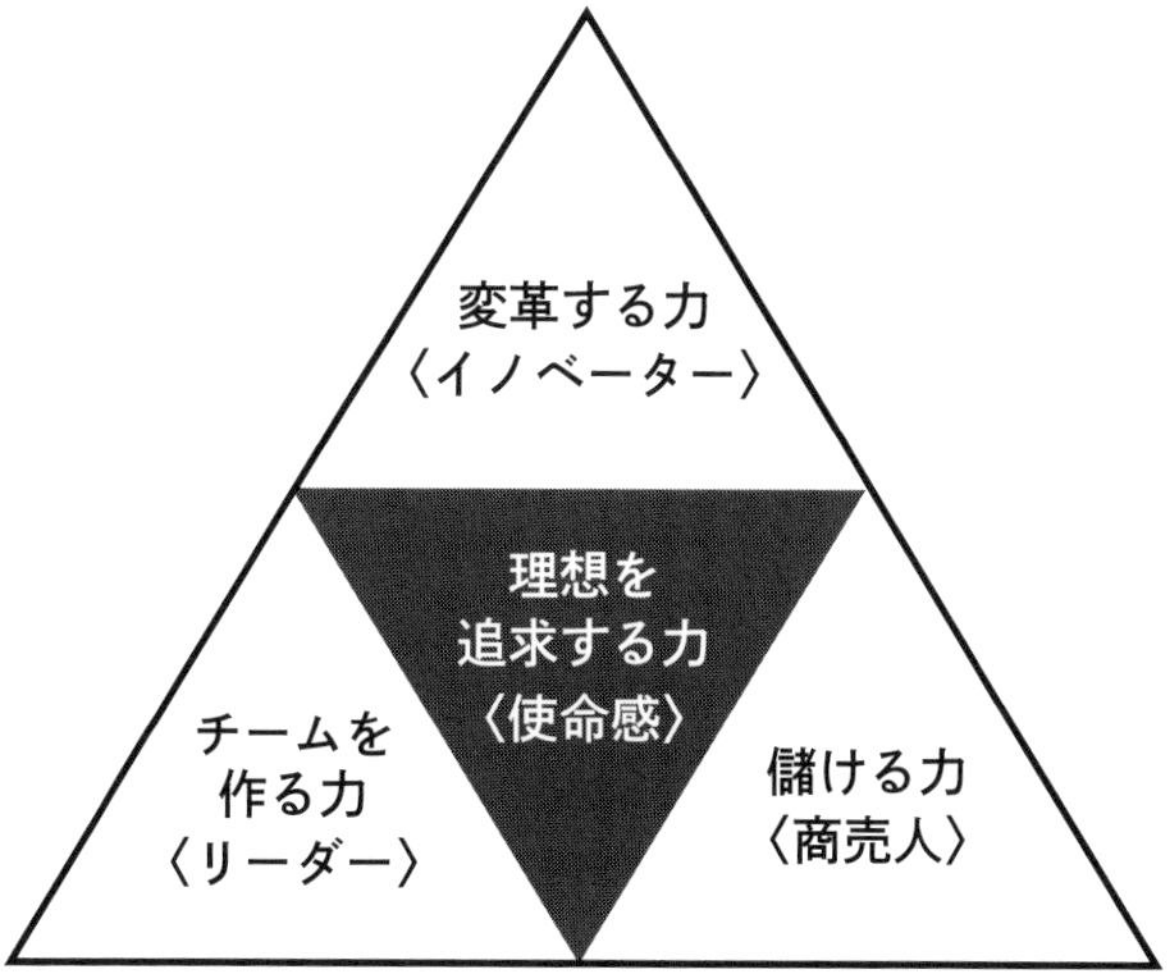

・儲ける力：お客様を喜ばせる、当たり前を徹底して積み重ね、成果にこだわる

・チームをつくる力：信頼関係をつくり、期待し、長所を伸ばし、自己変革を続ける

そして、それぞれの特色を発揮する中心的な力として、理想を追求する力がある。

私が社員に教育をするのは、「創造的かつ主体性のある人間をつくりたい」という思いがあるからだ。言われたことをこなすのではなく、自主的に仕事をする人間である。
働くという行動には、３つの段階がある。
・与えられた仕事をこなす「作業」の段階
・与えられたことや課題をどう組み立てていくか、自分で考えて行う「仕事」の段階
・経験を積んで能力を高め、新たな体系を作っていく「事業」の段階

事業観をもってほしいという思いも、三つのうちの最後の段階に到達した人物になってほしいという願いからである。組織の歯車に甘んじるような「作業」の人間にとどまらないでほしいのだ。私たちのような、日本の99・7％を占める中小企業は、個々の社員が成長し、能力を発揮して、組織の主軸として働いてこそ発展の可能性がある。大企業であれば役割に沿った歯車的な存在でもいいのかもしれない。しかし中小企業の場合、その人の代わりはなかなか育たないのだ。

言ってみれば、社員一人一人が一つの組織、事業を任された起業家のようなものである。だからこそ、全体像でものを見、経営者のようにビジョンを描き、事業観をもって組織を支える力をつけてほしいと考え、基本理念でうたう「社会に役立つ立派

な人間」をめざして多くの学びの場をつくっているのだ。

地域や社会、国に貢献する人であってほしいと心から思う。我が社で学び、成長して、さらに社会で役立つために大きく羽ばたいていける社員は、喜んで送り出すつもりだ。

働くことが人をつくる

最上のモデルに出会い、仕事を極めると、心と技術が磨かれていく。働くというのは、人間性を高め、人生を価値あるものとしてつかみとっていく重要な生きる行為である。

「ど」がつくほど真剣に仕事と格闘してみてほしい。働くことに打ち込み、日々の仕事に励むことによって、自己を確立し、人間的な完成に近づいていく。よい働きが、よい心をつくるのだ。

そして、高いビジョンを描き、方向性を定めたら、自分の選んだ道を信じて進もう。信じて、挑戦し続けてほしいのだ。挑戦の中にこそ、成長の鍵がある。

どんなに新しい環境に放り込まれたとしても、１０００日かければ習慣となって体になじみ、自分だけの確固たる世界観の中で高みをめざしているはずだ。まずは３年、自分を信じて粘ってみてほしい。

運を引き寄せる思考術

ここからは、脳の仕組みをうまく活用しながら効果的な活動をするヒントを見ていこう。

実は、脳は実際に体験したことも、文字やイメージにして入力したことも、情報という扱い自体は同じ。記録データを書き換えていくだけだ。だが、書き込みの強さについては五感の使い方によって異なる。視覚情報だけより、音声が加わったり並行して他の感覚があったりすると、強く記憶にとどまるのだ。また、脳は、単に脳内でイメージするだけのものより、口に出した言葉を信用する傾向にある。

だから、ポジティブな言葉は、文字で書き出すだけでなく、しっかりと自分の声に出し、自分の耳で聞くようにしたい。現在の社会は多くのネガティブな想念が溢れている。誰もが、過去に関わった負の記憶として、不安や恐怖、不満、怒り、嫌悪、憎悪、自己否定などの情動を心の奥深くに抱えている。マイナスの想念に執着するのは本能的な側面もある。リスクには敏感になっていないと命の危険に関わるかもしれないからだ。しかし、ネガティブな思惑にとらわれていては、悪い運気を引き寄せてしまう。否定的な言葉が浸透すると、本来もっているはずの力を萎縮させ、十分な力を発揮できなくなる。

最強のポジティブな言葉で現場を満たすことにより、運気をも引き寄せる思考法を身に付けておきたいものである。

例えば、最も簡単な方法だと、「できない思考」から「できる思考」への変換があるだろう。よくいう「コップの水」問題である。

コップにちょうど半分まで水が入っている状態だと、「もう半分しか水がない（だから何もできない）」と「まだ水が半分も残っている（だから何でもできる）」では、言葉の置き方が違うだけで、百八十度状況認識が違ってくる。迷ったら「できる」と声に出して言ってみよう。その後続けて、「できるのだから、何からしていこうか」という流れで検討していく。そうすると、本当にできることの幅が広がってくるのだ。

図3-5　できる思考／できない思考

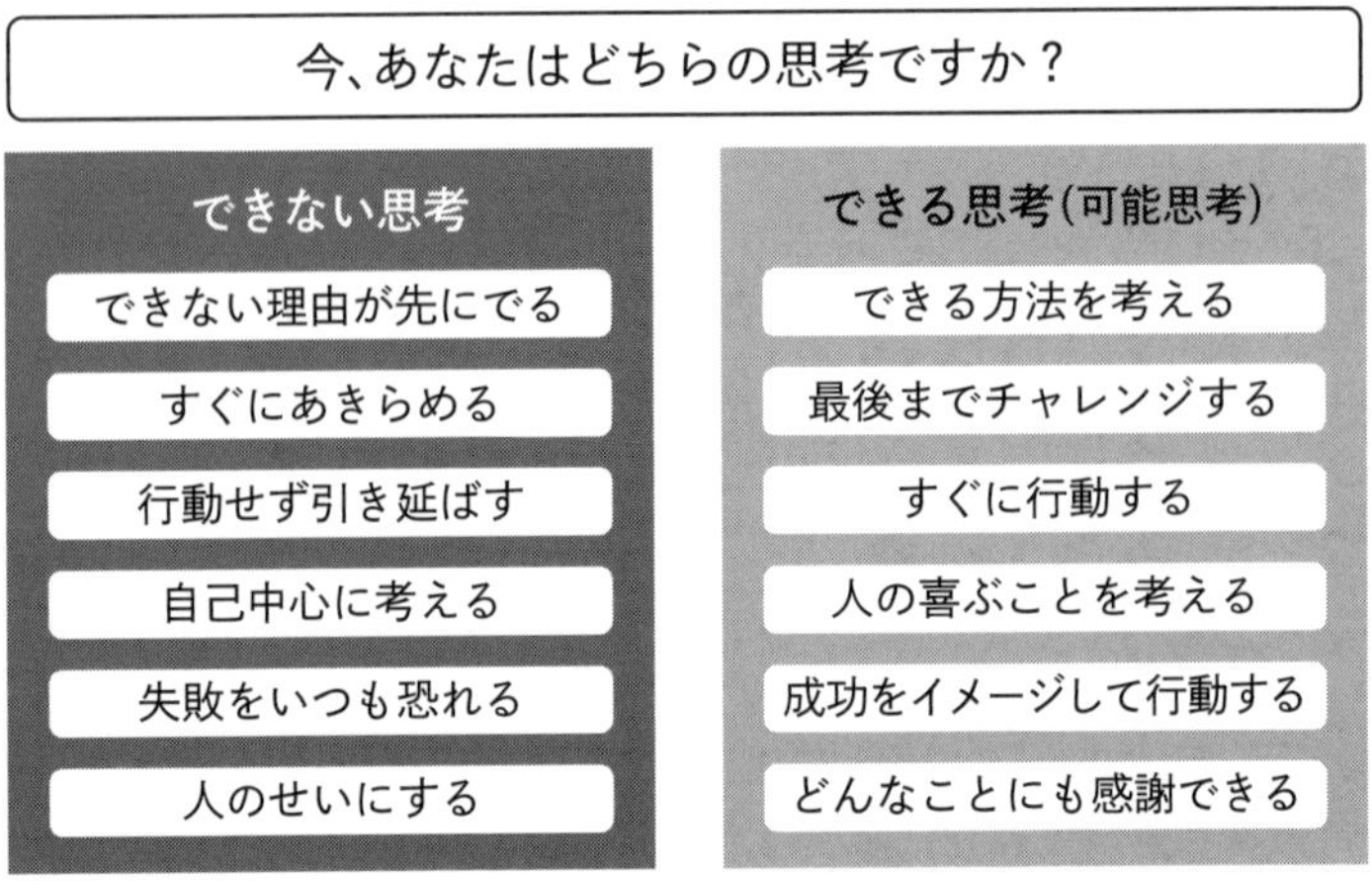

今、あなたはどちらの思考ですか？

できない思考	できる思考（可能思考）
できない理由が先にでる	できる方法を考える
すぐにあきらめる	最後までチャレンジする
行動せず引き延ばす	すぐに行動する
自己中心に考える	人の喜ぶことを考える
失敗をいつも恐れる	成功をイメージして行動する
人のせいにする	どんなことにも感謝できる

「できる思考」と「できない思考」の人では創り出す成果に差がでます

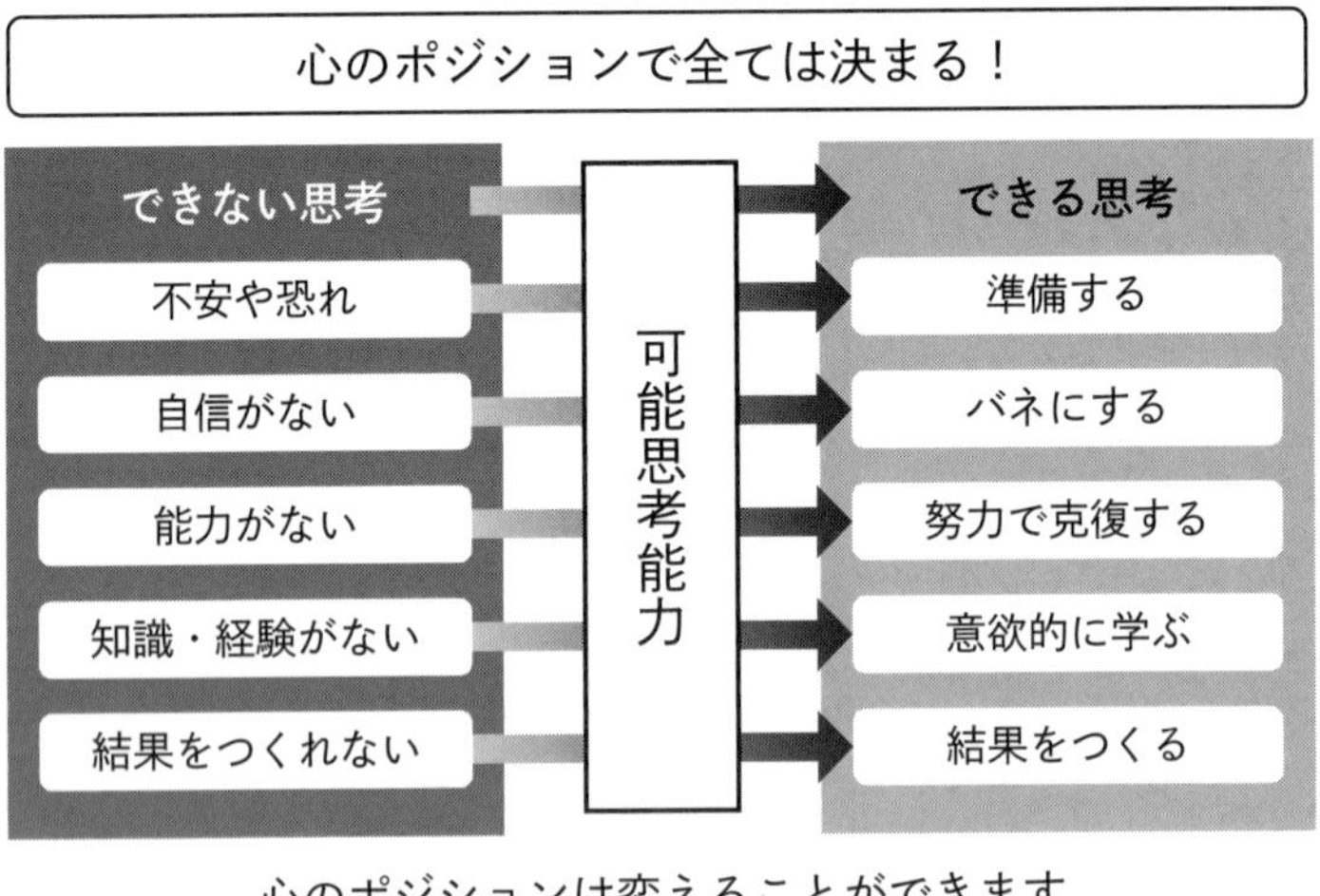

できない思考	可能思考能力	できる思考
不安や恐れ		準備する
自信がない		バネにする
能力がない		努力で克復する
知識・経験がない		意欲的に学ぶ
結果をつくれない		結果をつくる

心のポジションは変えることができます

このように、言葉の力で観点を変えていくことを「リフレーミング」という。ポジティブな言葉で観点を変えるフレームワークだ。エジソンは、電球を発明する前、実に2万回もの失敗をしたが、それを「2万回、電球が光らないという発見をしたのだ」と言い表した。

日常の業務や生活の中で、こうした言い換えを行ってみよう。

「どうしようもない」↓「まだ打つ手があるはずだから一つでも考えてみよう」
「もう決まっている」↓「まだ間に合うはずだから一緒に代替案を考えよう」
「あんな態度は頭にくる」↓「何か事情があったはずだから落ち着いて考えよう」
「認められるわけがない」↓「他の枠組みに変えたら認められる可能性があるのでは」
「しなければならない」↓「することもできる／そうしていきたい」

このように、ものの見方、考え方を強制的に百八十度変えることによって、固定化された考え方や価値観（パラダイム）が大きく動くようになる。いわゆるパラダイムシフトである。

パラダイムは人によって異なるし、また一度定着したパラダイムはなかなか変更させられないのだが、予想外の発見やインパクトの大きな事象がやってくると劇的に変わることもある。

簡単な方法としては、対になる言葉を連想しながら、何でも褒めてみるといいだろう。その他、「感嘆」「感謝」「感動」の三つの「感」をつけたフレーズをつくってみる方法も肯定感が高まるため試したいところだ。「ああ、なんと素晴らしい〜」「ありがたいことに〜」「心が打ち震えるほどの〜」といった具合に、枕詞をつけてみるのだ。一種の大喜利だが、言葉を変えると、ものの見方が変わる。自然と言葉が出てくるまで熟達し、最強の思考をもつ者となろう。

5　サラリーマンでなく、ビジネスマンになる

私は、入社した社員全員に対し、いつか起業し独立した歩みをもつようになってほしいと願いながら、「君の10年後はどうありたい？」と問う。

早く出ていってほしいわけではない。できるだけ自立した人間になって、自分も社会も幸せになる力をつけてほしいと考えているからだ。そのため、どんな観点で何のために働いているのかを、入社した後もしつこく聞いている。

ここからは、入社してからの長い展望をもって「生き方」を考えるためのヒントを見ていこう。幸せを呼び寄せ、経済的にも精神的にも自立した人間になるための考え方を紹介する。

ビジネスマンのスキルとマインド

面接で企業から「○年後この会社でどのような人間になっていたいか」と聞かれたことはないだろうか。聞かれたときはおそらく、どう答えると心象が良くなるかを考えるのに忙しかっただろう。ところで、なぜそのような質問をするのかと考えてみたことはあるだろうか。

企業がこの質問で知りたいのは、「キャリア観」と「スピード観」である。

キャリア観は、入社後にここまでお伝えしたような能力を高め、一通りの業務をやってみたとして、その先でどんな経験を伸ばし、どのような人物になっていきたいと考えているかを問うものだ。例えば、ゼネラリストになりたいのか、スペシャリストになりたいのかといった具合である。

スピード観というのは、そのキャリアをどのくらいの期間で積み、なりたい自分をめざしているのかというものだ。同じ「できるだけ早く」の希望でも、若いうちに大きな仕事を任せてもらって全体像をつかんだゼネラリストになりたいのか、早いうちから専門的なスキルを極めたスペシャリストになりたいのかで将来像は変わってくる。じっくり時間をかけて経験を積みたい場合も同様だ。「望ましい未来」と「時間のかけ方」の二つの軸で、設定されるゴールの方向性が変わってくる。当然、採用側にも方向性がある。ゴール設定が合わなかったら、その企業に勤めてもお互いに不幸なだけだろう。グランドデザインを描き、ビジョンを共有する意味の大きさがここでも見えてくる。

私はよく、時間を切り売りするような「サラリーマン」ではなく、経営者意識をもち事業感を磨いた「ビジネスマン」になってほしいという話をする。

サラリーマンは給料（サラリー）で生活する人、ビジネスマンは事業（ビジネス）で生きる人と意味が違ってくる。周囲にこの二つの言葉に対する印象を聞いてみたところ、サラリーマンは、仕事を楽しんでいない／お金はもらっているという感覚／会社からの指示にしたがって働いている／受け身／いつも何かを諦めている、といった負のイメージの回答があった。一方、ビジネスマンでは、仕事を楽しんでいる／会社のお金を生み出す／グローバル／主体性や責任感がある／いつもなにかに挑戦している、といった正のイメージの回答が強かったのだ。

これはあくまで一般的なイメージの例ではあるが、社会の中でもある程度の印象に違いがあることがわかる。もっとも、サラリーマンとビジネスマンで明確な区切りがあるわけではなく、一人の人間の中でも両者がグラデーションのように存在する。

スタートラインはサラリーマンから始まっても、その後自分自身をサラリーマンだと思って働くのか、ビジネスマンだと意識して働くのかで、会社員としての未来は大きく違ってくる。若いうちに思考の方法をビジネスマン的な方向へとシフトさせ、観点を高くして人間性を上げていってほしい。

ワーク・ライフ・バランスを一歩進める

仕事と生活の調和を示す「ワーク・ライフ・バランス」という言葉は聞いたことがあるだろう。働き方改革の中などで国を挙げて取り組みが推進されてきた。一方、欧米では、仕事と生活はバランスをとるというより「仕事と生活面を統合」した包括的な概念で捉えられている。時代の流れとともに、概念も少しずつ変わってきているのだ。

図3-6　ワーク・ライフ・バランスをさらに進めた仕事観をもつ

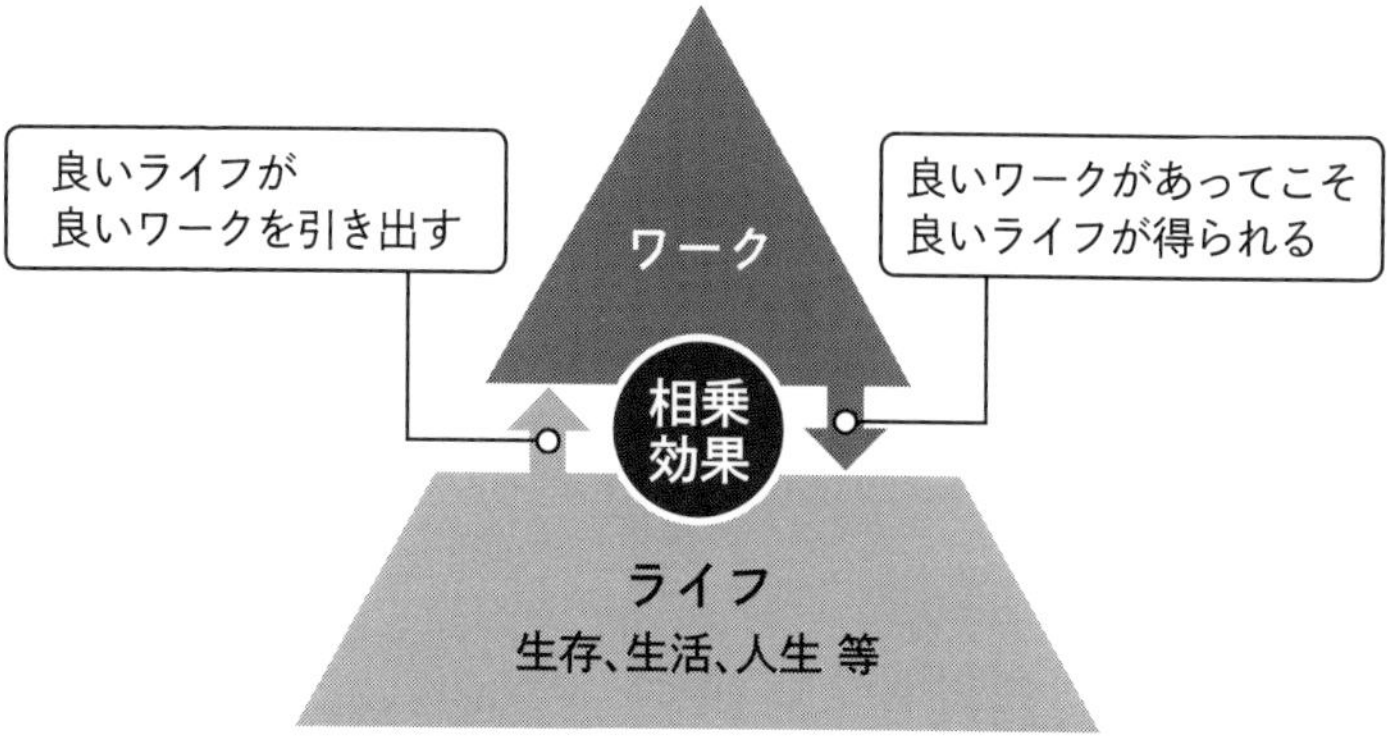
良いライフが
良いワークを引き出す
良いワークがあってこそ
良いライフが得られる
ワーク
相乗
効果
ライフ
生存、生活、人生 等

これまでのワーク・ライフ・バランスでは、職業と生活は切り離して捉えられてきた。雇用されている人からすれば、仕事のあり方が生活のあり方に与える影響が大きいからだ。本来的には、仕事の方が生活の一要素に過ぎないはずだが、実態としては、仕事の部分が時間的にも心理的にも生活の部分よりはるかに大きくなっている。このような状況が、仕事観といった価値観にも影響を与え、仕事か生活かという二項対立になっている。就活生が企業を選定するポイントに待遇面や福利厚生面といった「ライフ」面を重視する傾向にあるのも、それを企業側が嘆かわしく感じるのも、この対立構造があるからだ。

本来、生きる営みには生産活動も非生産活動も混在しているものであり、すっぱりと切り分けるのは困難である。だが、近代資本主義社会では、仕事と生活は明確に切り分けられ、仕事の中でも家庭の中でも分業が当たり前になっている。新型コロナウイルス感染症の拡大により、急激に進んだテレワークについて、どこまでを労働時間と見なすのかが問題視され、定着した企業とそうでなかった企業とに二分されたのも、副業やフリーランスの働き方に注目が集まる一方で労働管理の整備が追いつかず、体の良い非正規雇用者の増大に繋がって社会問題化しているのも、この「生きる営みが生産活動と非生産活動に分化した近代資本主義社会」の有り様をあぶりだしたといえるだろう。現代の日本は、改めて「生きる」ことの中にある「働く」とはどういうことなのかを眼前に突きつけられており、ワーク・ライフ・バランスの過渡期ともいえるのかもしれない。

こう考えていくと、これからの日本社会は、「ワーク・ライフ・バランス」をさらに進化させた仕事観、事業観をもった人間が社会を支えていくようになるといえるだろう。

職業活動もプライベート活動も、一人の人間の中で行われる行為であり、生きるという点において統合されるものである。場所にも時間にもとらわれることなく、自己実現や自己成長、世の中への貢献の手段として機能していくべきものなのだと考えてほしい。「働く」という行為も「生きる」ことの一部であり、切り離せないのである。仕事を通じて得たスキルや人間関係はその後の人生に大きな影響を与えるものになると心得て、より魅力ある人生を送るためにも、質の高い仕事の時間としていこう。

とはいえ、である。現在の日本社会はまだ、仕事かプライベートかといった区別を明確にしたい企業が大半だし、働く者にしても、仕事とプライベートは分けたいという価値観に縛られた人の方がむしろ多いだろう。

志は高くもちたいが、一方で今目の前の課題に対する対処も重要である。もし働く時間の使い方で「メルトダウン」してしまったときは、次のような方法で気持ちの切り替えを行っていくことをおすすめする。

・どうしても気分が乗らないときは、心でなく身体活動にフォーカスする
・達成後の楽しみに期待しながら、目の前のことに集中する
・3か月に1度は、楽しさにフォーカスした大きな気分転換のプランを組む
・事前にリフレッシュのためのアポイントメントを一日の予定の中に入れておく

・スランプに陥ったら、思い切って遊ぶ
・落ち込んだり悩んだりしても自分が生かされると感じる居場所をつくっておく

「利他自存」で行動する

ワーク・ライフ・インテグレーションと同様、本来的な用いられ方から意味合いが変わってきているのではないかと思われるのが「利他」の精神である。

利他は、もともとは仏教用語で、「他人のために尽くすことが、すなわち自分の幸せになる」と説いた最澄の「自利利他」からきている。たしかに素晴らしい観念であるが、企業活動の社会貢献としてそのまま当てはめるのは危険といえる。企業は利益を生み出すための組織である。利他は、自らは利益を得ず他人に尽くすことで得る幸福感だ。これだと非営利のボランティア活動になってしまう。この観念を全体像として目標に掲げた場合、企業であれば倒産する。

まずは自分のあり方、自分の軸をしっかりと確立した上で、その軸に沿って世の中の役に立つ仕事をすることが重要である。私はこれを「利他自存」と呼んでいる。社会貢献はたしかに重要ではあるが、その言葉に振り回されてはいけない。

正しく理解されない利他の心は、ともすれば言い訳になりやすい。「お客様のため」という大義名分で、自分の営業力のなさをごまかし、目の前の受注がほしいからと値引きする。これではただの自己利益である。まずは自分の中での判断基準を明確にし、自分の軸をしっかりとさせる。これを忘れないようにしてほしい。

「利他自存」での企業活動を考える際に思い出してほしいのが「三方良し」の考え方である。

三方良しとは「売り手良し、買い手良し、世間良し」という近江商人の心得だ。三方良しを推し進めると「公共性」が生まれる。事業を行う場合、自社の利益だけを考えていると持続可能な企業にはならない。「利他自存」により互いに認め合い、関係性を築き上げる中で「ＷＩＮ－ＷＩＮ」の強固なる繋がりが生まれる。会社が存在する地元地域周辺にも、その先の社会全体にも、繋がりが広がっていく。

手放すことで満たされる

ここまで様々な形で学びや鍛錬についてみてきた。最後に伝えたい学びは、吸収するのと同じくらい重要な「手放す」ことである。

これまで培ってきた成功のパターンや考え方、手法、心構え、習慣などは、時代や社会の変遷により古び、通用しない部分がでてくる。だが、成功体験が邪魔をし、大事だと考えれば考えるほどパターンに固執してしまう。新しい概念が提示されても、自分の理解できる範囲で情報を結びつけたがり、今の感覚に合わないといわれても「自分はこれがいいのだ」とこだわってしまうのである。もしかすると軸がしっかりしていると感じている人ほど、この傾向は強いかもしれない。

まずは自分を含め、人間というものは成功体験に引きずられ、何かしらに固執する生き物だと認めよう。そして、自分が何に執着し、しがみつこうとしているのかを自覚するところから始めるのだ。こだわりが効果的であれば軸としてより強化すればいいし、時代にそぐわなくなり効果を失っているのであれば、勇気をもって手放すのだ。

このとき重要となるのが、2節でお伝えした振り返りである。振り返りによる学びのサイクルは、「経験する」→「振り返る」→「教訓を引き出す」→「応用する」というスパイラルで高みをめざす。このとき、振り返りから教訓を引き出す中で、追加し応用すべき教訓だけでなく、通用しなくなった知識やスキル、心構えなども洗い出し、不要なものは手放す「捨てる学習」（アンラーニング）が重要となるのだ。優れた経営者や管理職ほど、自由に意見を言える雰囲気をつくり、高く掲げたビジョンで方向性を共有しながら、手放すべきものを明確にする勇気をもっているのである。

不安定な時代の今こそ、心を磨こう

私自身に対する自戒も込めてお話しするが、経営者は誰でも尊敬される人間性をもつ必要がある。とはいえ、聖人君子になることはできない。欲が出たり、弱気になったりして迷いが生じるものだ。私の過去に何度も傲慢《ごうまん》になったり、もうけ話に目がくらんだり、昔の成功体験にしがみついて周囲に迷惑をかけたりしてきた。でも、だからこそ、常日頃から人間性を磨こう、人格者になろうと心に強く誓ってきたのだ。目まぐるしく変化する現代は、社会状況や景気の変化に左右される。しかし言い訳は許されない。たとえ天変地異が起きようとも、私には社員の物心両面の幸せを守り、社会貢献を形にする責務があるのだ。もちろんいくら頑張ってもどうにもならないときはあるだろうが、すべてを引き受け、自分の責任で進めていく覚悟は、持ち続けていきたい。

社会人は誰しも、その人なりの責任を抱えて生きている。嘆く暇があったら、まず自分の人間力を高めていこう。全力で学べば思考力は必ず上がる。全体像で自分のすべきことをとらえれば、ミッションも、ビジョンも、目標も、戦略も、戦術も、すべてが浮かび上がってくる。

心を磨き、成功する人間になろう。

終章

仕事も、人生も、駅伝だ

私も70の齢《よわい》を過ぎ、世間一般であれば就活ならぬ終活を考えるべき頃となってきた。

これまではそんなハコに収まったようなことは考えもしなかった。今でも第一線で先頭に立って走り続けていきたいと考えているし、経営者として皆を守り、導き、率いていかねばと思うときがしばしばある。だが、寿命は必ずくる。人間誰しも死亡率は100％だ。到達するまでの時間に差があるだけで、私も必ず経営を離れるときがくる。

つまり経営とは、最高のパフォーマンスで走っている間に次の者へと引き渡し、手放すことを前提として繋ぎかたを考えるものといえる。私から次の人へ、志のタスキを繋ぎ、その次の走者もまた誰かにそのタスキを繋いでいく。経営は、人から人へと、企業の志のタスキを繋ぐ駅伝のようなものである。

そして、これは一人ひとりの生き方、働き方についても同じことがいえよう。

これから君は、様々な学びや交流の中で人間性を磨き、最高のパフォーマンスをもった社会人になっていくだろう。その間に、高い志に共感する次の走者を見つけ、タスキを繋ぐ用意をするのだ。私がこれまでの知恵と教訓を惜しみなくノウハウにして後進に伝えてきたように、君もまた、次の世代を育てていってほしい。君にとっての最高の生産性を体現し、貪欲に学び、高みをめざしつつ、時がくれば勇気をもって手放す。

仕事も、人生も、駅伝そのものなのである。

残る経営者生活の中、私はこれまで以上のパフォーマンスで理念をしっかりと伝えていきたいと思う。就活志塾とはじめとした地域貢献など、社会への感謝と恩返しを通し、命ある限り世の中を幸せにしていきたい。私がタスキを渡し、社会を退いた後もこの理念が引き継がれ、社会に浸透していってくれれば——そして、私の拙い話のどこかが誰かの良い記憶の中に生き残ってもらえたら——望外の喜びだ。

本書を手にとってくださった方の、前途洋々たる未来を切り拓く一助となれば幸いである。

2023年6月

西田芳明

【著者】

西田芳明（にしだ・よしあき）

進和建設工業株式会社 代表取締役。

1951年大阪府堺市生まれ。87年4月に2代目進和建設工業株式会社 代表取締役に就任。高付加価値、低コストのマンションに代表される高収益事業を推進し経営を再建、無借金経営を続けている。自身の経験を広く学生たちに伝えたいと考え、2009年「就活志塾」を設立、これまで4000人以上の学生を中心とする若者たちに、自らの頭で自身の仕事と人生について考える場を提供、現在も年間200人以上の学生たちがその門を叩く。

著書に『トップは志をつくりなさい』（2014年　現代書林）、『頭が勝手に働き出す思考法』（2017年　現代書林）、『家計簿経営』（2018年　プレジデント社）、『社長の最後の仕事 100年続く承継と継承』（2021年　現代書林）などがある。

逆境に感謝する人が、逆境に愛される
人生に追い風を吹かせる就職の法則

2023年6月6日　第1刷発行

著者 ―――――― 西田芳明
発行 ―――――― ダイヤモンド・ビジネス企画
〒150-0002
東京都渋谷区渋谷1丁目-6-10 渋谷Qビル3階
http://www.diamond-biz.co.jp/
電話 03-6743-0665（代表）

発売 ―――――― ダイヤモンド社
〒150-8409　東京都渋谷区神宮前6-12-17
http://www.diamond.co.jp/
電話 03-5778-7240（販売）

編集制作 ―――― 岡田晴彦
編集協力 ―――― 南部優子
編集アシスタント ―― 藤原昂久
装丁 ――――― いとうくにえ
DTP ――――― 齋藤恭弘
印刷・製本 ――― シナノパブリッシングプレス

ISBN 978-4-478-08499-1